पतञ्जलिः
योगसूत्राणि

PATAÑJALI

DAS YOGASUTRA

Von der Erkenntnis zur Befreiung

arkana

पतञ्जलिः

योगसूत्राणि

PATAÑJALI

DAS YOGASUTRA

VON DER ERKENNTNIS ZUR BEFREIUNG

EINFÜHRUNG,
ÜBERSETZUNG UND ERLÄUTERUNG VON
R. SRIRAM

Mit einem Vorwort von Sri T. K. V. Desikachar

arkana

2. Auflage
Deutsche Ausgabe Januar 2024
Die vorliegende Ausgabe ist die vollständig überarbeitete Fassung
der 2003 im Selbstverlag R. Sriram erschienenen Ausgabe: Patañjali YOGASUTRA

in der Penguin Random House Verlagsgruppe GmbH, Neumarkter Str. 28, 81673 München
produktsicherheit@penguinrandomhouse.de
(Vorstehende Angaben sind zugleich Pflichtinformationen nach GPSR)

Umschlaggestaltung: Morian & Bayer-Eynck, Coesfeld,
unter Verwendung eines Fotos von © Hildegard Morian
Satz: Michael Shorny
Druck und Bindung: Alföldi Nyomda Zrt., Debrecen
Printed in Hungary
ISBN 978-3-442-34555-7

www.arkana-verlag.de

Inhalt

Worte von Sri T. K.V. Desikachar

Als mich Sriram bat, ein Vorwort zu seiner Übersetzung des *Yogasūtra* zu schreiben, stellte ich ihm sofort viele Fragen, wie

1. Was ist der Unterschied zwischen *Śraddhā* und *Īśvarapraṇidhāna?*

   »Śraddhā ist Urvertrauen, wir leben von ihr, sie ist da auch ohne einen Gegenstand des Vertrauens. Īśvarapraṇidhāna ist der Glaube an eine Vision, der uns zu diesem Urvertrauen zurückführt.«

2. Wie kann der Tiefschlaf zu den Aktivitäten des *Citta* gezählt werden?

   »Im Tiefschlaf geht die Aktivität im Geist geht auf ein Minimum zurück, ist jedoch bereit, in die Aktivität anzuspringen, dazu braucht es nur ein lautes Geräusch. Der aktive Geist ist nicht ausgeschaltet, insofern zählt Nidrā zu den Vṛttis von Citta.«

3. Wie können *Saṃskāras,* die erworbenen Neigungen, in Schach gehalten werden?

   »Alte Gewohnheiten werden nur dann wachgerufen, wenn wir unruhig sind, große Erwartungen haben und in einer Situation stehen, die die ungünstigen Erinnerungen oder Assoziationen stimulieren. Wenn wir wach bleiben oder keine Erwartungshaltung einnehmen oder Situationen vermeiden, die uns mit alten Neigungen in Verbindung bringen, können wir die Wirkung der Saṃskāras einigermaßen in Schach halten (Yogasūtra 4.11).«

4. Schön! Wie werden *Siddhis* zu Hindernissen im Yoga?

   »Ihr Lob schmeichelt mir. Hoffentlich lenkt mich das zufriedene Lächeln in meinem Gesicht nicht von der Wachsamkeit für Ihre weiteren Fragen ab! Es ist nicht leicht, im Leben größere Errungenschaften anzunehmen, ohne dabei selbstzufrieden zu werden oder gar die Vision zu vergessen (Yogasūtra 3.51).«

5. Was sagt der Begriff *Viniyoga* aus? Handelt es sich dabei um einen Stil des Yoga?

»Viniyoga bedeutet ›spezielle Anwendung‹. Wir können die Übung nur auf eine uns passende Weise anwenden und dabei schrittweise vorgehen. Es handelt sich nicht um einen Stil von Yoga (Yogasūtra 3.6).«

6. Wie erklärst du den Begriff *Brahmacarya* zeitgemäß?

»Im Umgang mit Menschen im Bewusstsein des Brahman zu bleiben, ist dieses wichtige Übungsglied im Yogaweg (Yogasūtra 2.38). Wenn wir mit Menschen verkehren, sollten wir die Achtung vor unserem Umfeld und den Respekt vor der Menschlichkeit des Gegenübers nicht verlieren. Dann würden wir uns lieben und streiten können, ohne zu verletzen.«

7. Ist *Pratyāhāra* ein übbares Glied des Yoga?

»Im Yogasūtra zählt es zu den äußeren Gliedern des Übungsweges, also ist es übbar. Wir können und dürfen den Atem lenken, so auch unsere Sinne. Sonst entscheidet unsere Umgebung für uns, welche Richtung die Sinne nehmen (Yogasūtra 2.54).«

8. Was ist der Unterschied zwischen *Dhyānam* und *Samādhi*?

»Das Dranbleiben (abhyāsa) ist wichtig bei Dhyānam, der Meditation. Bei Samādhi jedoch ist das Loslassen (vairāgya) wichtiger. Dhyānam können wir mit dem Willen zum Üben lenken, Samādhi müssen wir dann geschehen lassen. Dabei dürfen wir nicht vergessen, dass ohne das Dranbleiben das Loslassen keinen Sinn ergibt (Yogasūtras 1.12–1.15 und 3.2–3.3).«

9. Was ist *Paravairāgya*?

»Vairāgya geht meistens einher mit etwas Ablehnung, so dass wir den nötigen Abstand finden. Wir lassen oft los, indem wir manche Tatsachen übersehen. Ein Mensch mit Paravairāgya braucht keinerlei ablehnende Haltung, denn er ist in sich verankert auf eine vollkommene Weise.«

10. Wie wirst du den Schülern erklären, was *Nirbījas-Samādhi* ist?

»›Yatho vaco nivartante …‹ Ich erinnere mich an die Taittirīya-Upaniṣad, Worte langen nicht aus, um manche Dinge zu erklären. Frei von Vorurteilen und Voreingenommenheiten zu wirken ist ein Yogaziel, das sehr groß und gut nachvollziehbar ist. Mit diesem Ziel haben ich und die Menschen, die von mir Yoga lernen wollen, genug zu tun (Yogasūtra 4.7).«

11. Was sind die Faktoren, die Wandel einleiten? Was ist *Dharma*, was ist *Lakṣaṇa*, was ist *Avasthā*?

»Zeit bringt Änderung, was uns oft von Problemen löst. Das ist Avāsthapariṇāma. Manchmal müssen wir vieles tun, um eine deutliche Veränderung herbeizuführen (Lakṣaṇapariṇāma). Ein grundlegender Wandel ergibt sich jedoch nur, wenn wir ihn in allen Hinsichten anbahnen (Yogasūtra 3.13–3.15).«

12. Ist unser Geist ewig oder sehr kurzlebig?

»Die Permanenz des Geistes ist darin zu finden, dass er sich permanent wandelt.«

Obwohl Sriram im Moment bei mir ist, um Vedanta zu studieren, beantwortete er alle Fragen ohne jedes Zögern, ohne in Notizen zu blättern. Dass er so tief vom *Yogasūtra* absorbiert war, dass er diese 2000 Jahre alte indische Lehre im Kontext der Moderne erläutern konnte, beeindruckte und erstaunte mich. Die deutschen Leser haben Glück, dass sie Srirams klare Präsentation des *Yogasūtra* zu lesen bekommen.

T. K. V. Desikachar
Chennai, 14.12.2002

Danksagung

Angelika Sriram, Tänzerin, ist für mich stets geistige und sprachliche Inspiration. Sie holte mein Denken und meine Ausdrucksweise ständig auf den Boden der Realität. Auch den Fluss im Text verdanke ich ihr.

Birgit Strumpen, Yogalehrerin aus Krefeld, hat sich bei der Erstellung des Manuskripts aus meinen Unterrichtsunterlagen über mehrere Monate hinweg sehr viel Mühe gegeben. Sie verlieh meinen Übersetzungen Einheitlichkeit und verfasste auf deren Grundlage das Glossar.

Sven Görler aus Osterfildern-Nellingen saß unzählige Stunden am PC, las mit größter Sorgfalt den gesamten Text, wies mich auf viele subtile Sprach- und Denkfehler hin und verhalf so dem Buch zu Genauigkeit. Auch bei der vorliegenden Neuauflage hat er unermüdlich Verbesserungsvorschläge eingebracht.

Vivek Nath Sinha, Yogalehrer, Stuttgart-Varanasi, hat für die neue Auflage die Schreibweise des Originaltextes sowohl in Devanagari als auch in der Lateinschrift sorgfältig überprüft und wertvolle Korrekturen durchgeführt.

Vorwort

Die westliche Welt hat in der kurzen Zeit von 300 Jahren phänomenale Entdeckungen gemacht. Sie hat die Materie so genau erforscht und verstanden, dass sie Flugzeuge bauen konnte, mit denen Menschen zielgenau am vorgesehenen Ort und zum richtigen Zeitpunkt landen können. Das war vor einigen Jahrhunderten noch unvorstellbar und ist nur ein Beispiel für viele andere Entdeckungen. Von der kleinsten Schraube bis hin zu den großen Theorien über Aerodynamik stimmt alles. Diese Entwicklung verdanken wir nicht nur einigen herausragenden Persönlichkeiten, sondern vor allem der geistigen Ausrichtung einer ganzen Zivilisation, die über mehrere Jahrhunderte wissenschaftliches Denken begünstigt hat.

In ähnlicher Weise wurde die indische Geschichte über Jahrtausende von ihrer eigenen geistigen Ausrichtung geprägt. Ihr Blick galt der Innenwelt des Menschen, den Grundlagen der Gefühle, den Gesetzen der mentalen Aktivität. Als Ergebnis dieser Weltanschauung wurden äußere Erscheinungen als Analogie des inneren Geschehens betrachtet. Die Beobachtung der Materie diente dazu, den Geist des Menschen besser zu verstehen. Aus den jahrhundertelangen Bemühungen sind auch hier einige große Denker hervorgegangen, die wertvolle Wissenschaften geschaffen haben. Diese Wissenssysteme vereinigten die Themen Philosophie, Religion, Psychologie und Vernunft und wurden zur Grundlage für gesellschaftliche, soziale und religiöse Praktiken. Das Einflussreichste unter diesen Systemen ist Yoga. Es hat alle Zeiten überdauert.

Worum geht es im Yoga?

Es ist ein archaischer Wunsch des Menschen, Leiden zu vermeiden und in Frieden zu leben. Dieser Wunsch bildet die Motivation für viele seiner Bemühungen. Er entscheidet, was er rational für richtig hält oder an was er glaubt. Die Ratio richtet Gedanken und Taten ebenso auf das gewünschte Ziel wie der Glaube. Wer lange genug etwas tut, an das er glaubt, wird die eigenen Taten als rational einstufen. Wer wiederholt etwas tut, das er als rational versteht, wird fest an die Richtigkeit dieser Taten glauben. So ist die Grenze zwischen Ratio und Glaube eine Grauzone, sie können sich als zwei Seiten der selben Münze erweisen. Ratio und Glaube haben beide großen Nutzen. Sie scheitern jedoch, wenn es um Antworten auf sehr tief gehende Fragen geht, weil sie beide ihre Wurzeln nicht im Kern unseres Bewusstseins haben. Allein die eigene unmittelbare Erfahrung kann uns genaue Antworten auf diese wesentlichen Fragen geben.

Es stellt eine große Herausforderung dar, die Stimme, die aus dem tiefsten Kern unseres Bewusstseins kommt, von der lauten Sprechweise der Ratio und des Glaubens unterscheiden zu lernen. Dafür ist es erforderlich, das Wesen zu erkennen, zu dem Ratio und Glaube gehören. Was ist jenes Wesen, das uns manchmal dient, indem es uns zum richtigen Zeitpunkt die passenden Antworten gibt, aber uns auch oft verwirrt, indem es uns passend erscheinende falsche Antworten gibt? Es ist jenes Wesen, das sich von unseren Erfahrungen nährt, mit der Zeit gedeiht und uns mit Erinnerungen dient. Ist es der Geist, »the mind«, das Gehirn? Nennen wir es das meinende Selbst. Dieses meinende Selbst ist wie ein Segel. Ist es richtig gesetzt, so unterstützt es uns auf unserer Fahrt. Wird es jedoch vom Wind der Geschehnisse hin und her geworfen, so sind wir ihm und damit dem Verlauf der Dinge um uns herum ausgeliefert.

Aus dieser Sichtweise ist Yoga entstanden. Yoga nennen wir heute ein System, welches das Verhältnis zwischen dem meinenden Selbst und dem tiefsten sehenden Kern unseres Selbst studiert und uns methodisch dahin führt, die Segel in die Hand zu nehmen und das für uns wesentliche Ziel anzusteuern und zu erreichen.

Wer sind die Grössen des Yoga?

Die zentrale Frage nach dem Zusammenspiel der beiden Wesen des Selbst bewegte alle großen Denker Indiens. *Vyāsa*, der poetische Verfasser der *Bhagavadgītā*, und Buddha, der gütige Lehrer des Mitempfindens, sind zwei Größen unter ihnen. Der bedeutendste und zugleich wichtigste Lehrer des Yoga ist *Patañjali*. Die von ihm überlieferte Schrift heißt *»Yogasūtra«* und ist mit nur 195 Sätzen so kurz, dass der gesamte Text auf einer Seite vollständig gedruckt werden kann. Das *Yogasūtra* ist kein Buch voller Sprüche; es will niemanden von irgendwelchen Ideen überzeugen; es holt nie weit aus. Wie der allererste Satz sagt, liegt hier ein Text vor, der auf Erfahrung basiert. Er ist wie ein Reisebericht über den Weg eines Menschen in Richtung essentieller Freiheit. Hierin liegt die Größe des *Yogasūtra*.

Was heisst *Yogasūtra*?

Sūtra bedeutet Faden und ist eine Dichtungsform des Sanskrit, der alten Sprache Indiens, die während der Kolonialzeit der Briten immer mehr an Bedeutung verlor. Die *Sūtra*-Form benutzt keine grammatikalisch vollständigen Sätze. Sie verzichtet auf alle Wörter, die für die Sinngebung überflüssig sind. Das fordert die Leser eines solchen Textes dazu auf, die Sätze immer nur in ihrer Verbindung zu betrachten und jeden Satz als wichtiges Glied genau zu untersuchen und zu verstehen, denn der Zusammenhang der einzelnen Sätze gleicht einer Perlenkette, aus einem Faden bestehend, der einzelne kostbare Perlen zusammenhält.

In den vergangenen beiden Jahrtausenden gab es immer wieder neue Kommentare zum *Yogasūtra*. Viele dieser wertvollen Bücher helfen uns heute, diesen Text besser zu verstehen, der die Quellschrift des Yoga darstellt. Im letzten Jahrhundert hatten wir in Südindien das besondere Glück, in Sri T. Krishnamacharya einen außergewöhnlichen Lehrer zu haben, der meisterhaft das *Yogasūtra* interpretierte. Dadurch, dass er auch über große Kenntnisse anderer indischer Wissenssysteme verfügte, konnte er diese Schrift sehr differenziert darlegen. Sein Sohn und Schüler Sri T. K. V. Desikachar, der dieses Wissen in seiner unmittelbaren Nähe erfahren durfte, versteht auf spannendste Weise, es auf unsere Zeit und auf die aus ihr hervorgehenden Fragen anzuwenden.

Was ist die zentrale Idee des *Yogasūtra*?

Nicht im Besiegen von Feinden oder in der aktiven Gestaltung dessen, was uns umgibt, liegt eine sehr weitgehende und sehr tiefe Lösung des Problems, wie das menschliche Leiden verringert werden kann, sondern in dem, was wir mit unserem Geist tun. Diese Feststellung ist der Ausgangspunkt des *Yogasūtra*. Es geht darum, das meinende, denkende Selbst zu erforschen und zu verstehen. Das *Yogasūtra* inspiriert uns, ihm auf die Schliche zu kommen, um einen klaren Weg aus Schwierigkeiten zu finden.

Wozu dieses Buch?

Es ist mein Glück, dass ich die Rezitation und Erläuterung des *Yogasūtra* bei meinem Lehrer Sri T. K. V. Desikachar erlernen konnte. Ihm verdanke ich mein ganzes Wissen über das *Yogasūtra*. In den letzten zwölf Jahren habe ich unzählige Vorträge und Lehrgänge über das *Yogasūtra* gehalten. Seine Inhalte wurden mit großer Begeisterung und Staunen aufgenommen. Dabei ist mir deutlich geworden, was dieser Text in unserer Zeit für eine Rolle spielen kann. Heute, da der Westen mühsam versucht, eine Brücke zwischen Körper und Geist zu schlagen und die Trennung zwischen Psychologie, Religion, Philosophie und den Naturwissenschaften aufzuheben, kann das *Yogasūtra* viele wertvolle Erkenntnisse vermitteln.

Das Interessante am *Yogasūtra* ist außerdem die Tatsache, dass in ihm sehr viele Lösungsmodelle für unterschiedliche Fragen zu finden sind, die sich auch in unserem modernen Leben stellen. Die Beschäftigung mit diesem Text kann den Leser zur Entdeckung vieler Antworten auf seine individuellen Fragen führen. Dies ist ein Arbeitsbuch. Es enthält eine Zusammenfassung jedes der vier Kapitel und außerdem eine Übersetzung der einzelnen *Sūtras* in Satzform sowie eine detaillierte Wort-für-Wort-Übersetzung. Erläuterungen der einzelnen *Sūtras* ergänzen die vorliegende Ausgabe.

Das Problem der Fremdbegriffe:

Um sich dem Inhalt des *Yogasūtra* zu nähern, ist es zweckmäßig, erst einige zentrale Begriffe näher kennen zu lernen, da für diese Begriffe der Sanskritsprache keine treffenden Synonyme in europäischen Sprachen gefunden werden können.

Yoga entstammt der Wortwurzel »*yuj*«, deren Bedeutung »anbinden« ist. Im Geist des *Yogasūtra* bedeutet das Wort *Yoga* einerseits den Zustand der Anbindung, in dem der Mensch frei von jeglichen flüchtigen Überzeugungen mit der für ihn innigsten Wirklichkeit verbunden ist, und andererseits die Schritte, die helfen, diesem Zustand näher zu kommen.

Draṣṭā ist wörtlich »das Sehende«, das diese innigste Wirklichkeit getrennt von sämtlichen Meinungen, Einbildungen und Kenntnissen, die sie umhüllen, sieht. Es handelt sich um die wahrnehmende Essenz des lebendigen Wesens. Es ist das innere Auge, das in der sich wandelnden Biographie eines Lebewesens eine Kontinuität darstellt. Es wird auch *Puruṣa*, »das Bewohnende«, genannt, um hervorzuheben, dass in einem Verhältnis, das dem zwischen einem Gebäude und seinem Bewohner gleicht, eigentlich das Wohl des Bewohners das Maß für die Stimmigkeit des Gebäudes setzen sollte. Ein weiterer Name für *Draṣṭā* ist *Cit,* »das Erkennende«.

Citta, »das Meinende«, ist jener Geist, der vorgibt zu sehen und zu erkennen, es aber in Wirklichkeit nicht tut. Der Begriff *Citta* umfasst den ganzen mentalen Bereich. Er ist das geistige Gebäude, bestehend aus Eindrücken, Erinnerungen, Meinungen, Träumen, Illusionen, Konditionierungen usw. Die meisten Erkenntnisse, Überzeugungen, unser Glaube, Feststellungen und Rückschlüsse im alltäglichen Leben stammen aus diesem Teil unseres Wesens. Insofern sind sie unstet, beeinflussbar und relativ. *Citta* als denkendes Wesen produziert relative Theorien und Wahrheiten, die im Laufe der Zeit vom selben Denkwesen verdrängt und überholt werden. Es ist der Geist, der uns durch seine konstante Aktivität mit dem Gefühl von Lebendigkeit erfüllt und dadurch eine überdimensionale Rolle in unserem Bewusstsein einnimmt. Auf diese Weise sorgt er dafür, dass der sehende Kern *Draṣṭā* im Bewusstseinshintergrund gefangen bleibt. *Citta* ist das, was meint, und deshalb vorgibt, *Cit,* »das Erkennende«, zu sein.

Saṃskāra, »das Angewöhnte/Erworbene«, deutet auf die Wucht, mit der das Mentale, basierend auf Erinnerungen und bekanntem Wissen, unser Verhalten prägt und die Neigung unserer Handlungen fast vorbestimmt. Die Wirkung der *Saṃskāras* ist oftmals fragwürdig, denn ihr liegen Kenntnisse aus der Vergangenheit zugrunde, die unter den neuen Umständen der Gegenwart nicht immer eine angemessene Gültigkeit haben.

Kleśa ist »das Störende«, der tief liegende Handlungskeim, der den *Saṃskāras* ihre Wucht verleiht. Die Ichbezogenheit ist ein solcher störender Trieb, der einerseits für die Selbstwahrnehmung eine Notwendigkeit darstellt, andererseits aber zu einer die Wahrnehmung trübenden eigenwilligen Kraft ausarten kann. Eine andere Auswirkung dieser störenden Instanz, die in uns verwurzelt ist, ist die Angst. Angst hat eine wichtige Funktion in jedem Lebewesen, so auch im Menschen. Sie wirkt aber häufig losgelöst von ihrem ursprünglichen Sinn, stört die klare Wahrnehmung und treibt uns zu falschen Einschätzungen, die unsere Handlungen bestimmen.

Avidyā heißt falsche Erkenntnis. *Kleśas* trüben die Wahrnehmung und führen zur Verwechslung, so dass wir die Ursache nicht von der Wirkung, das Beständige nicht vom Vergänglichen und das nachhaltig Erfreuliche nicht vom kurzfristig Erheiternden unterscheiden können. Diese Täuschung ist *Avidyā*.

Zur Schreibweise der Sanskritwörter:

Die Fremdwörter sind alle in der international anerkannten Übertragungsweise der Sanskrit-Schrift in die europäische Schrift gehalten. Das Wort Sanskrit verrät schon die Fehler, die in Übertragungen enthalten sein können, denn die Sprache heißt eigentlich *Saṃskṛt,* was übersetzt »eine vollkommene Sprache« bedeutet. Selbst das Wort *Yogasūtra* müßte *Yogasūtram* in der Singularform oder *Yogasūtrāṇi* in der Pluralform lauten.

Die Wortübersetzungen lehnen sich an die Aussagen, die in dieser Lehrschrift gemacht werden, an.

Die gewählte grammatikalische Form der Wörter ist eine, die im Text erscheint. Im Sanskrit werden die Hauptwörter dekliniert: Das Wort *bala* heißt Kraft (YS 3.46). Dieses Wort erscheint in anderen Textstellen in deklinierter Form:

balādīni	Kraft usw. (3.24)
balāni	Kräfte (3.23)
baleṣu	in den Kräften (3.24)

Als Substantiv schreibt sich dieses Wort, das ein Neutrum ist, *balam.*

Bei den Übersetzungen sind wie üblich die nominativischen Singular-Wörter auf ihre Grundform reduziert: *āsanam* (neutrum) wird *āsana* geschrieben, *samādhiḥ* (maskulinum) wird *samadhi* geschrieben und *dhāraṇā* (femininum) bleibt *dhāraṇā.*

Am Ende des Buches ist ein Glossar mit allen Sanskrit-Wörtern, die im *Yogasūtra* erscheinen. Um es übersichtlich zu halten, sind nicht alle Formen eines Wortes übersetzt, die irgendwo im Text erscheinen, sondern meist nur die Grundform.

Die Sanskritbuchstaben und ihre Aussprache:

a kann

ā Kahn

i Kind

ī Brise

u kurz

ū Kuhle

ṛ *r* mit zurückgezogener Zunge

e Kehle

ai Keim

o Kohle

au Kraut

ṃ nasal klingend

ḥ der vorhergehende Vokal wird leicht ausgehaucht

ṅ Hang

c Tschechien

j Dschungel

jñ wie »gnj«

ñ Señor (wie »nj«)

ṭ *t* mit zurückgezogener Zunge und Zungenspitze am Gaumen

ḍ *d* mit zurückgezogener Zunge und Zungenspitze am Gaumen

ṇ *n* mit zurückgezogener Zunge und Zungenspitze am Gaumen

t *t* mit Zungenspitze unter der oberen Zahnreihe

d *d* mit Zungenspitze unter der oberen Zahnreihe

y ja

v wann

ś ich (Zungenspitze hinter dem Unterkiefer)

ṣ Muschel (Zunge zurückgezogen und Zungenspitze am Gaumen)

s Muss

समाधिपादः

Samādhi-Pāda

DIE VOLLKOMMENE ERKENNTNIS

Zusammenfassung des 1. Kapitels

Das erste Kapitel heißt *Samādhi-Pāda* oder der Abschnitt über *Samādhi*, was ein anderes Wort für den Zustand des Yoga ist.

Der Ausgangspunkt (1)

Yoga ist Wissen über das menschliche Wesen. Es ist ein Wissen, das auf Erfahrung basiert. Die Aussagen des *Yogasūtra* berufen sich nicht auf intellektuelle Auseinandersetzungen. Insofern kann die Gültigkeit dieser Aussagen genauso wenig intellektuell überprüft werden wie die Frage, ob ein Apfel den Hunger stillt oder nicht. Yoga ist die Erkenntnis, die entsteht, wenn unsere geistigen Aktivitäten still und ausgeglichen sind. Immer dann, wenn diese geistigen Aktivitäten nicht in einem stillen Gleichgewicht sind, verfärben sie unsere Erkenntnisse. Mit anderen Worten, wie wir jemandem zuhören, wird davon beeinflusst, was wir über ihn denken. Das ist der Ausgangspunkt des Erfahrungsberichtes des Yoga.

Was ist der Geist und was sind seine Aktivitäten? (2–11)

Yoga verwendet für »Geist« ein eigenes Wort, und zwar *Citta*, das meinende Selbst. Was ist dieses *Citta*? Wenn wir den Körper öffnen, werden wir kein *Citta* finden. Es ist nicht richtig zu sagen, dass es in der Herzgegend ist, denn manchmal ist es mehr im agilen Kopf. Aber auch dort ist es nicht, denn manchmal wird es in den Emotionen spürbar, was doch eher auf die Herzgegend verweist. Manchmal steht es in Verbindung mit einem ganz konkreten Körperschmerz, z.B. im Fuß. Das *Citta* ist überall. Es lässt sich nicht zuordnen, aber wir können es beschreiben. Da das *Citta* keinen bestimmten Ort hat, kann es auch keine Form haben, die sich beschreiben lässt. Es kann daher nur über seine Tätigkeiten definiert werden. Ähnlich wie z.B. die Anziehungskraft eines Magneten, die wir nicht sehen, aber deren Wirkung wir spüren und deren Felder wir beschreiben können.

Smṛti: Beim Nachdenken darüber, was zu den Funktionen des *Citta* gehört, zeigt sich u.a. die Fähigkeit der Erinnerung. Jemand erinnert sich, wie er ein Problem, das zum wiederholten Male auftaucht, zuletzt gelöst hat. Das ist für ihn sehr bedeutsam, weil er dadurch sein jetziges Leiden auflösen kann. Die Erinnerung ist eine äußerst wichtige Tätigkeit, in der sich das *Citta* zeigt. Es kann aber auch vorkommen, dass der Nachdenkende aufgrund einer intensiven Erinnerung eine Methode verwendet, die für sein momentanes Leiden unpassend ist. Das Gedächtnis kann hilfreich sein, aber es kann auch Leiden verursachen oder verstärken. Die *Cittavṛtti*, die Tätigkeiten des *Citta*, sind manchmal Teil des Problems und manchmal Teil der Lösung.

Vikalpa: Manchmal lässt sich eine Lösung auch dadurch finden, dass man die Augen schließt und sich vorstellt, wie eine andere Person das Problem angehen würde. Man stellt sich Dinge vor, die gar nicht da sind. Das ist ebenfalls eine Fähigkeit des *Citta*. Mit Hilfe der Vorstellungskraft ist es möglich, eine Lösung für das Problem zu finden. Allerdings kann die Vorstellungskraft das Problem auch verstärken, indem man sich Komplikationen ausmalt, die gar nicht eintreten werden. Die Vorstellungskraft kann demnach einerseits hilfreich sein und andererseits zu einem Hindernis werden.

Nidrā: Es kommt auch vor, dass Leiden sich dadurch auflöst, dass jemand für eine Weile nicht an sein Problem denkt. Das geschieht beispielsweise während des tiefen Schlafes. Wo war währenddessen sein Gedächtnis, seine Phantasie, wo war sein Problembewusstsein, warum hat er seinen Schmerz nicht gespürt? Der Tiefschlaf ist ein heilsamer Zustand, in dem das *Citta* ganz zur Ruhe kommt, aber es ist nicht die Heilung. Ein chronisches Problem wird nach dem tiefen Schlaf nicht ganz verschwunden sein. Ebenso werden tiefgründige Fragen wie: »Warum leide ich als Mensch?«, »Aus welchem Grund bin ich hier?« nicht durch tiefen Schlaf gelöst.

Āgama-Pramāṇa: Dann gibt es noch die Möglichkeit, dass jemand ein Problem nicht allein bewältigen kann und von einem Arzt oder Lehrer einen Rat erhält. Eine Lösung muss nicht immer direkt aus dem *Citta* kommen. Das Zuhören und das Interpretieren von Aussagen aus einer anderen Quelle können helfen, eine Lösung zu finden. Die Wahrheitsfeststellungen einer anderen Person zu übernehmen ist auch eine Fähigkeit des *Citta*.

Anumāna-Pramāṇa: Außerdem verfügt das *Citta* über die Möglichkeit, zwischen einzelnen Informationen Zusammenhänge herzustellen und so unter Umständen eine Lösung zu finden. Das ist die Intelligenzkraft, die Fähigkeit, Schlussfolgerungen zu ziehen. Beispielsweise könnten ein Gedanke aus dem Gedächtnis, einer aus der Phantasie, einer aus der direkten Wahrnehmung und eine übernommene Äußerung von jemand anderem auf der Ebene des *Citta* kombiniert werden und dadurch zu einer neuen Lösung führen.

Pratyakṣa-Pramāṇa: Darüber hinaus gibt es noch eine Tätigkeit des *Citta*, die tiefer gehend ist. Wenn die Lösung weder durch Nachdenken noch durch den Rat einer Vertrauensperson oder das Nachschlagen in einem Buch, und auch nicht aus dem Gedächtnis heraus auftaucht, sondern klar erkannt wird wie ein Gegenstand, der direkt vor den Augen sichtbar ist, dann wird das mit dem Begriff »unmittelbare Erkenntnis« *(Pratyakṣa-Pramāṇa)* bezeichnet. Der Mensch befindet sich in einer problematischen Situation und sieht auf einmal die Lösung ganz klar vor Augen. Er sieht, woher sein Leiden kommt, warum er als Mensch hier ist. Er sieht die Lösung wie einen Blitz. Das ist kein vages Empfinden mit Hilfe der Vorstellungskraft, sondern ein unmittelbares Sehen, das mit großer Klarheit verbunden ist. Er sieht die Lösung so klar und eindeutig vor seinen Augen wie seine eigene Handfläche.

Durch das Übernehmen von glaubwürdigen Aussagen einer anderen Person (*Āgama-Pramāṇa*), über die Fähigkeit der Schlussfolgerung (*Anumāna-Pramāṇa*) oder manchmal durch ganz unmittelbares Wahrnehmen (*Pratyakṣa-Pramāṇa*) kommen wir zur Feststellung der Wahrheit.

Vipakyaya: Oft aber meinen wir nur, dass etwas die Wahrheit ist, und stellen später fest, dass wir uns getäuscht haben. Manchmal gibt unsere Wahrnehmung eine ganz eindeutige Antwort, die sich später aber doch als falsch erweist. Das *Citta* ist also auch in der Lage, uns mit seinen Tätigkeiten zu verwirren. Wenn das der Fall ist, setzt sich unsere Wahrnehmung aus dem tatsächlich Wahrgenommenen und den Beimischungen des *Citta* zusammen.

Die Auflistung seiner Tätigkeiten hilft uns, das *Citta* zu verstehen. Es ist einerseits fähig, uns zu verblenden, und andererseits, uns zu wahrhaftiger Erkenntnis zu führen – vor allem zu unmittelbarer Erkenntnis (*Pratyakṣa-Pramāna*). Diese kommt weder aus dem Gedächtnis noch durch die Aussagen von jemand anderem, noch durch intellektuelles Reflektieren zustande, sondern einfach dadurch, dass das *Citta* still und innehaltend die Wahrnehmung durchlässt.

Lässt sich in dem Moment, in dem etwas wahrgenommen wird, feststellen, ob es ein Trugbild des *Citta* oder die Wahrheit ist? (12–16)

Das ist nur möglich, wenn das *Citta* in all seinen Aktivitäten ausgewogen ist und der Wahrnehmung nichts Eigenes beimischt. Wer ist in der Lage, das *Citta* zu bändigen beziehungsweise ihm zu befehlen, sich zurückzuhalten? Um zu einer optimalen Wahrnehmungsqualität zu gelangen, ist ein Entwicklungsweg erforderlich, der bedeutet, sich Mühe zu geben. Sich bemühen heißt hier nicht, mit Willenskraft die Gedanken zu kontrollieren. Das Citta ist viel zu subtil, um sich auf diese Weise beherrschen zu lassen. Die angemessene Art der Bemühung schildert Yoga mit den zwei Begriffen »beharrliches Üben« (*Abhyāsa*) und Gleichmut (*Vairāgya*). Beharrliches Üben bedeutet, sich kraftvoll zu bemühen und das Ziel im Bewusstsein zu behalten – keine unsensible Kraft, die sich der Vernunft widersetzt, sondern eine einfühlsame, beharrliche Kraft, durch die wir weder uns selbst noch anderen Leid zufügen und die wir mit größter Demut anwenden. Eine Kraftanwendung, beispielsweise bei der Ausführung von Körperübungen, so gefühlvoll zu erbringen, ist nicht leicht. Es ist einfacher, viel Kraft anzuwenden und dabei den Überblick zu verlieren, oder andererseits einfach sanftmütig zu bleiben und sich von der Beharrlichkeit zu distanzieren. Deshalb ist es wichtig, Abstand zu nehmen von Dingen, die den Weg nicht fördern. Yoga nennt das Gleichmut (*Vairāgya*). Wer die eigene Willenskraft überschätzt, erreicht womöglich Dinge, die er unter Umständen zum Zeitpunkt des Erreichens nicht mehr wirklich schätzt. Wenn ein Mann jahrelang mit großer Willenskraft an seinen beruflichen Zielen gearbeitet hat und jetzt gesundheitlich leidet oder seine Frau ihn verlässt oder seine Kinder unglücklich sind, wird er sich sicherlich fragen, ob seine ehrlichen Bemühungen wirklich sinnvoll waren. Außerdem wirken auf uns manchmal äußere, zum Teil uns unbekannte Einflüsse, die wir mit unserer Willenskraft nicht lösen können. Deshalb brauchen wir sehr große Gelassenheit beim Umgang mit der Willenskraft. Nach der Devise: »Ich kann sehr viel erreichen, aber es kann alles Mögliche geschehen.« Gleichmut (*Vairāgya*) zähmt die Willenskraft und hält sie in Grenzen. Wir brauchen einerseits *Abhyāsa* zur Mobilisierung der Willenskraft und andererseits *Vairāgya*, um mit Gelassenheit, Großzügigkeit, Nachgiebigkeit und etwas Abstand zu dem Ziel, das wir erreichen wollen, voranzuschreiten. *Abhyāsa* und *Vairāgya* sind wie zwei Standbeine, auf denen wir uns zu einer klaren Wahrnehmung hin entwickeln können.

Wie entfaltet sich das Ziel, an dem sich unsere Bemühungen orientieren? (17–18)

Das Ziel des Yoga, dass das *Citta* still und innehaltend die Wahrnehmung durchlässt, kann nur durch die lange, konzentrierte Beschäftigung mit einem gleichbleibenden Thema erreicht werden. Das *Yogasūtra* verrät uns auch schon im ersten Kapitel, welche Themen das sein können. Eine lang anhaltende Beschäftigung mit einem einzigen Thema bringt zunächst viele verschiedene Entdeckungen über dieses mit sich. Im Verlauf der Zeit kann aus dieser fortwährenden Beschäftigung im Sinne von beharrlichem Üben (*Abhyāsa*) und Gleichmut (*Vairāgya*) eine wirklich tiefgründige Betrachtung werden, so dass uns auch subtile Aspekte des Themas offenbar werden. Die Aktivitäten des *Citta* erhalten auf diese Weise eine Ausrichtung. Die gleich bleibende, stille Beschäftigung kann uns allmählich eine tiefe Erfüllung bringen, die mit einer »Selbstvergessenheit« im Sinne einer Freiheit von unserer üblichen »Selbstbesessenheit« einhergeht. Das ist ein Zustand, in dem wir aus den Schatten unserer Verwirrungen heraustreten, große Klarheit gewinnen und friedlich in uns ruhen können. In einem solchen Zustand werden wir jemandem wirklich zuhören, ohne davon beeinflusst zu sein, was wir über ihn denken.

Was gibt mir als Mensch die Gewissheit, dass ich einem solchen Ziel näher kommen kann? (19–22)

Wir mögen in dieser Hinsicht manchmal alle möglichen Gedanken hegen: Bin ich nicht zu armselig, zu ungeeignet, um so ein Ziel zu verfolgen? Bin ich nicht zu schlecht oder zu schuldig? Yoga gibt hier folgende Antwort: Es gibt zwar sehr wenige Menschen auf der Erde, die besondere Neigungen zu innerer Harmonie mitbringen, aber jeder Mensch ist mit etwas auf die Welt gekommen, das *Śraddhā* genannt wird. *Śraddhā* ist die Fähigkeit zu vollkommenem Glauben an etwas, es ist jenes tief in uns verwurzelte Vertrauen, welches als ein dem Positiven Zugeneigtsein unabhängig von einem Objekt eines Vertrauens bestehen kann. Dieses Vertrauen, das jedem Menschen eigen ist, schenkt uns Energie, unser Ziel zu verfolgen.

Wir kennen dieses Vertrauen, wissen aber auch, wie es durch Misserfolge oder Enttäuschungen geschwächt wird. Wir haben dann die Möglichkeit, uns an eine Inspirationsquelle zu wenden, um das Vertrauen zu stärken. Dazu aber ist eine besondere Inspirationsquelle nötig. Beispielsweise verliert ein Mensch aufgrund eines Autounfalls das Vertrauen in den Straßenverkehr und wagt es nicht mehr, Auto zu fahren. Es kann eine Hilfe sein, wenn ihn ein Freund eine Weile im Auto mitnimmt. Wenn er einen Monat lang bei einem guten und ruhigen Fahrer mitfährt, dem er das Steuer anvertraut, wird er allmählich wieder Mut finden. Nach einiger Zeit könnte er sich selbst ans Steuer setzen und den Freund als Beifahrer mitnehmen. Die Gewissheit, dass ein guter Fahrer neben ihm sitzt, wird ihm Sicherheit im Verkehr geben, so dass er doch eines Tages wieder alleine fährt. Der Freund hat hier das Positive, das Vertrauen, wieder aufgebaut. Nicht unbedingt durch irgendetwas, das gesprochen wurde, sondern einfach durch sein Beispiel.

Je anspruchsvoller unser Ziel oder je tiefer das Problem, aus dem wir herauskommen wollen, umso wichtiger ist es, ein positives Beispiel zu haben. Wenn es um sehr tiefe Probleme geht, brauchen wir wirklich großartige Beispiele, um Vertrauen aufrechtzuerhalten.

Mit welcher beispielhaften Vorstellung können wir unser Vertrauen zuversichtlich aufrechterhalten? (23–28)

Ist jemand ein chaotischer Fahrer, so kann es wichtig für ihn sein, Kontakt mit einem guten Fahrer zu suchen und ihn eine Weile zu begleiten. Aber bei sehr wichtigen Fragen und in zentralen Krisen im Leben brauchen wir ein sehr viel größeres Vorbild, das uns dazu inspirieren kann, unsere Zweifel hinter uns zu lassen. Das *Yogasūtra* beschreibt, dass das beispielhafteste aller Wesen *Īśvara* ist.

Was ist *Īśvara*? Yoga definiert *Īśvara* als eine zeitlose und vollkommene Kraft, die der Mensch in seiner tiefsten Vorstellung findet, im Gegensatz zur ihm bekannten eigenen Kraft, die oft begrenzt und unzulänglich ist. Es ist eine Kraft, die in sich ruht und inspiriert. Dadurch wird sie zu etwas Wesenhaftem, das nicht nur ein beispielhafter Freund in einer bestimmten unsicheren Situation ist, sondern ohne Unterbrechung zu allen Zeiten und in allen Situationen eine Inspirationsquelle ist.

Es ist möglich, dass wir im Verlauf unseres Lebens in manch schwierige Situationen geraten, in denen uns der Kontakt zu einer solchen Inspiration viel bedeutet. Daher ist es sinnvoll, sich darum zu bemühen, auch in Zeiten, in denen wir keine Probleme haben. Um dauerhaft auf *Śraddhā*, die innere Vertrauensquelle, zurückgreifen zu können, ist das Zwiegespräch mit oder die Anbindung an *Īśvara* wichtig. Eine solche Anbindung entsteht durch konstante Anrufung in meditativer Besinnung.

Welche Hindernisse entstehen, wenn wir in keiner solchen »Anbindung« verwurzelt sind? (29–30)

Die Verwirrung in Schwierigkeiten aufgrund mangelnden Vertrauens äußert sich für die Entwicklung eines Menschen in Form von Hindernissen. Diese können ihn davon abhalten, seine Fähigkeiten zu entfalten und dadurch an seine Ziele zu gelangen. Hier spricht das *Yogasūtra* von neun hauptsächlichen Hindernissen (*Antarāyas*). Diese sind Anzeichen dafür, dass wir momentan nicht klar sind, dass wir nicht in uns ruhen.

Eines davon ist Krankheit (*Vyādhi*) – nicht nur aufgrund eines ärztlichen Befundes, sondern aufgrund der eigenen Empfindung. Wenn es uns nicht gut geht und uns unser Zustand belastet, dann stellt das ein Hindernis dar und bringt die Aktivitäten des *Citta* aus dem Gleichgewicht. Daraus ist zu ersehen, dass Krankheit etwas mit dem Geist zu tun haben kann. Manchmal gibt es allerdings chronische Krankheiten, die in diesem Sinne kein Hindernis sind: Der Betroffene lebt mit der Krankheit wie mit einer Narbe und leidet nicht unter ihrer Auswirkung.

Ein weiteres Hindernis ist Trägheit (*Styāna*). Wenn wir z. B. Schmerzen haben, sind wir ergriffen von dem Leiden und wollen unbedingt etwas dagegen unternehmen. Wenn es uns wieder besser geht und wir nicht mehr von dem Leid geplagt sind, neigen wir dazu, unsere Vorhaben zu vergessen und sind zu nachlässig und gleichgültig. Das ist Trägheit.

Zweifel (*Saṃśaya*) bedeutet, dass wir uns nicht entscheiden können. Wir sind so unentschlossen, dass uns unterschiedlichste Lösungen und Wege gleich gut zu sein scheinen. Manchmal bieten sich wirklich mehrere Lösungen an, aber wir müssen uns für eine entscheiden und bei dieser dann bleiben. Zu einem späteren Zeitpunkt können wir unter Umständen noch eine zweite Möglichkeit mit einbeziehen oder die erste durch eine zweite Lösung ersetzen. Sich nicht entschließen zu können ist ein großes Hindernis.

Bei Hast (*Pramāda*) beginnen wir vielleicht schon mit einer Aufgabe, bevor wir uns ausreichend überlegt haben, was wir alles dafür benötigen und was für Folgeschritte auf uns zukommen. Wir schätzen die Wichtigkeit von Sorgfalt und Überlegung gering. Es ist eine gewisse Gleichgültigkeit. Hast und Gleichgültigkeit liegen nah beieinander. Etwas, das für uns sehr wertvoll ist, werden wir hingegen mit großer Achtsamkeit tun.

Faulheit (*Ālasya*) bedeutet, dass uns die Wichtigkeit einer Unternehmung bewusst ist, wir aber unser Handeln auf später verschieben, mit der beruhigenden Ausrede: »Morgen fange ich an.« Die Überwindung, die nötig wäre, um etwas zu sagen oder zu unternehmen, ist uns unangenehm, wir verschieben unser Vorhaben lieber.

Abgelenktheit (*Avirati*) heißt, in alle Richtungen zerstreut zu sein. Uns scheint dieses und jenes gleichzeitig interessant zu sein. Wenn wir wirklich mit einfühlsamer Willenskraft (*Abhyāsa*) und mit großer Gelassenheit (*Vairāgya*) unsere Vorhaben durchsetzen wollen, dann ist es wichtig, nicht zu sehr abgelenkt zu sein.

Bei Fehleinschätzung (*Bhrāntidarśana*) stellen wir uns Dinge vor, die gar nicht real sind, z. B. dass jemand kommen und alle Probleme für uns lösen wird. Das ist eine Verblendung, in die wir sozusagen verliebt sind. Wir sind so verliebt in etwas oder in jemanden, dass wir die Wahrheit nicht mehr sehen.

Bei fehlender Zielstrebigkeit (*Alabdhabhūmikatva*) setzen wir einige Zeit lang unsere Willenskraft ein und sind dabei, ein Problem wie z.B. chronische Kopfschmerzen zu lösen, sagen uns jedoch nach einer Weile, dass es doch keinen Sinn hat, und geben einfach auf. Bei solchen Zweifeln, wenn wir sie dauerhaft zulassen, besteht sogar die Gefahr, tief in eine Psychose zu geraten. *Alabdhabhūmikatva* bedeutet, dass wir das Ziel als zu schwierig, zu anspruchsvoll für uns ansehen und zu früh aufgeben.

Unbeständigkeit (*Anavasthitatva*) zeigt sich darin, dass jemand seine Willenskraft nur für sehr kurze Zeit und schwankend einsetzt. Dieses Hindernis ist dadurch gekennzeichnet, dass jemand sehr wankelmütig in seinem Üben ist, d.h. zwischen Beharrlichkeit und Vernachlässigung schwankt. Es fehlt die Disziplin.

Wohin führen diese Hindernisse? (31–32)

Die Hindernisse (*Antarāyas*) bringen Leiden (*Duḥkha*). Krankheit bringt Leiden mit sich, wer zerstreut ist, steuert in Richtung Leid, und auch den Hastigen erwartet Leid, da er nichts in aller Tiefe genießen kann. Wie wirkt sich das dauerhaft aus? Das ist die nächste Frage, der *Patañjali* im *Yogasūtra* nachgeht. Was würde geschehen, wenn wir z.B. eine Krankheit immer weiter gedeihen ließen? Wir würden irgendwann wahrscheinlich buchstäblich wahnsinnig, d.h. in eine Psychose geraten. Wer bei sich irgendeines der Hindernisse (*Antarāyas*) bewusst wahrnimmt, ist aufgefordert, etwas dagegen zu unternehmen. Diese Aufforderung spürt jeder Mensch so unweigerlich wie den Wunsch, einen körperlichen Schmerz zu stillen, und der sollte befolgt werden, denn was zunächst als einfaches Unwohlsein oder leichtes Leiden beginnt, kann mit der Zeit hartnäckiger werden und eines Tages sogar zu Pessimismus führen. In eine negative Haltung zu geraten ist leicht, nicht jedoch, aus ihr herauszukommen. Wenn wir dies nicht schaffen, kann die pessimistische Ausrichtung der Gedanken zur Abschwächung der Körperfunktionen führen. Ein negatives Denken über längere Zeit hinweg führt uns in der Regel dazu, die Vitalität zu verlieren, uns zu verkrampfen und schließlich unsere gesamte schlechte Stimmung gegen uns selbst zu richten. Nicht nur Krankheit, sondern alle Hindernisse können uns auf allen Ebenen belasten. Wenn wir trotz einer solchen Entwicklung nichts unternehmen, wir uns den Hindernissen nicht widersetzen, droht uns ein Verlust oder Zusammenbruch der Atemkontrolle durch den wir sogar jegliche Kontrolle über uns verlieren und in eine geistig schwierige Verfassung fallen können. Natürlich ist es möglich, Leid zu unterdrücken, aber nicht für lange Zeit. Wer die Hindernisse wie Krankheit, Zerstreutheit, Hast usw. lange ignoriert, dem droht Leiden, das ganz allmählich zu Pessimismus, körperlicher Unruhe und zum Verlust der Atemkontrolle und damit der Kontrolle über die Psyche führen kann. Am Ende zwingen uns die Auswirkungen der Hindernisse dazu, unseren Geist zu schulen und unser Leben zu schützen.

Welche Heilmittel sind in der Lage, diese Tendenz umzukehren? (33–40)

Das *Yogasūtra* beinhaltet verschiedene Ideen, die, wenn sie mit beharrlichem Üben (*Abhyāsa*) und Gleichmut (*Vairāgya*) umgesetzt werden, uns aus solcher Verwicklung heraushelfen.

Eine Idee besagt, dass wir uns an Personen wenden können, die weitaus mehr als wir über das Leben wissen, die schon viele Probleme bewältigt haben und uns in psychischer, emotionaler und geistiger Hinsicht voraus sind. Diese Idee gleicht dem Vorschlag, bei der es um die Anbindung an ein beispielhaftes Wesen ging. Die Anbindung an eine leibliche Person in einer schwierigen Situation ist eine konkrete Hilfe. Manchmal hilft schon das Lesen ihrer Biographie, unsere Trägheit und Zerstreutheit zu verringern oder unsere Hast ein wenig zu bremsen. Sich von Weisen inspirieren zu lassen ist ein guter Weg aus mancherlei Schwierigkeit.

Eine weitere Idee des ersten Kapitels bezieht sich auf den Atem. Dabei geht es darum, langsam und vollständig auszuatmen und dann den Atem still zu halten. Wenn wir beim Ausatmen die Atemwege richtig entleeren, die Bauchdecke also so weit einziehen, so dass die Lunge vollständig entleert wird, hat das eine läuternde Wirkung auf unseren Geist. Allerdings hat es wenig Sinn, diese Übung nur einmal auszuführen, genauso wenig wie wir von einem geeigneten Ratgeber erwarten können, dass er auf einen Schlag all unsere Probleme löst. Dieser muss uns erst kennen lernen und einen Bezug zu uns haben, bevor er die richtigen Worte für uns finden kann. Dementsprechend ist es nicht möglich, eine Klärung herbeizuführen, indem wir nur einmalig eine passende Atemtechnik ausführen. Wenn wir uns jedoch einige Zeit in dieser Atemtechnik schulen und diese vertiefen, können wir sie immer wieder dazu nutzen, unseren Geist auf eine praktische Weise zu klären. Richtiges Atmen befreit von angestauter Luft, entspannt das Zwerchfell und löst den inneren Druck.

Bei *Jyotiṣmati* geht es um die Vorstellung einer Lichtquelle im Innern des Menschen. Man kann nur im Licht etwas erkennen, in der Dunkelheit ist das nicht möglich. Wir brauchen Licht, um einen Text zu lesen, der eine Lösung bereithält, ohne Licht bleibt der Text ungelesen und die Lösung unentdeckt. In ähnlicher Weise ist Licht notwendig, um Erkenntnisse zu haben oder Probleme zu durchschauen. Es ist eine andere Art Licht als das einer Glühbirne, aber es wirkt ähnlich. Die Quelle, die sozusagen Licht wirft auf die Frage, auf die wir eine Antwort suchen, befindet sich in uns. Sich auf dieses innere Licht zu konzentrieren, das immer vorhanden ist, auch wenn es unbeachtet bleibt, ist ein tröstendes Mittel.

Die folgende Idee handelt von Gefühlsqualitäten (*Bhāvanas*). Dabei geht es um die Besinnung auf vier wesentliche Gefühle. Es sind Liebe (*Maitrī*), Mitempfinden (*Karuṇā*), Enthusiasmus (*Mudita*) und Vergeben (*Upekṣa*). Je näher wir an diese Kerngefühle herankommen, desto besser können wir sowohl mit unseren Mitmenschen als auch mit unseren Gefühlen umgehen.

Zur Veranschaulichung: Sehen wir jemanden sehr stark leiden, können bei uns sehr unterschiedliche Gefühle wach werden. Möglicherweise haben wir Angst davor, dieses Leid ebenfalls zu bekommen, oder empfinden Zorn darüber, dass jemand dieser Person Leid zugefügt hat, oder Abscheu, weil wir mit diesem Elend nichts zu tun haben wollen.

Vielleicht fangen wir auch selbst an zu leiden und trauern für diese Person oder zeigen im günstigsten Fall echtes Mitgefühl und uns kommt der Gedanke, dass wir etwas gegen ihr Leid unternehmen sollten. Eine gefühlvolle Betrachtung des Leidens kann uns helfen, eine große Kraft zu spüren, die sich *Karuṇā*, hilfsbereites Mitempfinden nennt. Wer dieses kraftvolle Gefühl entfaltet, überwindet Kummer und gewinnt große emotionale Stabilität.

Maitrī, das Gefühl von Freundlichkeit und Liebe kann, z. B. entstehen, wenn uns die Nachricht erreicht, dass eine Bekannte ein Kind bekommen hat oder auf andere Weise eine glückliche Situation durchlebt. Manchmal wundern wir uns, warum wir uns über etwas freuen, das letztlich doch gar nichts mit uns direkt zu tun hat. Das freundschaftliche Zugehen auf Menschen in ganz ursprünglich freudvollen Situationen ist jedoch eine spontane und natürliche Empfindung. Pflegen wir diese, hindert sie uns daran, eifersüchtig zu werden, und steigert unsere Liebesfähigkeit.

Von Zeit zu Zeit sind wir wütend auf jemanden, weil wir denken, dass er uns daran hindert, glücklich zu sein. Oder wir werden trübsinnig und meinen, alles um uns herum würde ungünstig verlaufen. Wir sind unglücklich, zornig, wütend, eifersüchtig, aufgeregt oder ängstlich, unser Enthusiasmus wird überschattet und unser ursprüngliches Gefühl der Freude verdrängt. Um hier nicht dauerhaft Opfer zu werden, ist es hilfreich, auf Menschen, die in unserem Umfeld Positives und Lobenswertes leisten, enthusiastisch und ermutigend zu reagieren. Das ist die Gefühlsqualität *Mudita-Bhāvana*, mit deren Hilfe wir lernen können, hoffnungsvoll zu bleiben.

Das vierte Kerngefühl ist Vergebung (*Upekṣa*). Wir sehen, wie jemand leidet, und sehen auch den, der dieses Leid verursacht. Indem wir dem Leidenden gegenüber Mitempfinden entwickeln und ihm helfen, während wir gleichzeitig Abstand zu seinem Gegner gewinnen und eine vergebende Einstellung bewahren, können wir verhindern, dass wir selbst aggressiv werden und unsererseits ausfallend werden. Denn wenn ein Mensch gewahr wird, dass ihm verziehen wurde und dass er nicht für sein Verhalten verurteilt wird, wirkt das beruhigend auf ihn und auf jene Verletzung, die ihn zur Aggression motiviert hat.

Die Entwicklung dieser vier Kerngefühle ist für ein positives Verhalten anderen Menschen gegenüber äußerst hilfreich und verschafft uns Klarheit über unsere Gefühlsnatur.

Ein weiterer hilfreicher Übungsvorschlag beschäftigt sich mit der meditativen Kontemplation. Dabei wird der Geist fortwährend auf ein und dasselbe Thema oder Objekt ausgerichtet. Das gewählte Thema oder Objekt sollte etwas sein, das uns und unsere Gefühlswelt positiv anspricht.

Auch von Nutzen ist es, über unsere Zu- und Abneigungen zu reflektieren. Dabei geht es darum, zu ergründen, warum unsere Gedanken bei manchen Gegenständen oder Themen sofort in Erregung geraten, während uns andere ungerührt lassen oder nicht einmal auffallen. So lernen wir unser *Citta* kennen.

Außerdem wird die Möglichkeit geschildert, über Träume und ihre Aussagen zu reflektieren, oder auch über den Tiefschlaf, der etwas über unsere Fähigkeit der völligen Einkehr aussagt.

Wer sich an einigen dieser Übungen orientiert und mit beiden Beinen, d. h. mit beharrlichem Üben (*Abhyāsa*) und Gleichmut (*Vairāgya*), den Weg beschreitet, trägt dazu bei, dass die Hindernisse (*Antarāyas*) beseitigt werden. Dann rückt ihm das Ziel eines klaren Bewusstseins, das frei von Verblendung ist, näher.

Welche Entwicklungen zeigen, dass die Hindernisse schwächer werden? (41–51)

Wenn die Hindernisse schwächer werden, zeigt sich das in der Qualität der Wahrnehmung. Sobald die Aktivitäten des Citta annähernd ausgewogen sind, wird das Objekt sehr genau vom sehenden Kern in uns wahrgenommenen. Das Citta wird hier zu einem klaren Kristall, der das Geschehen unverfälscht zum Kern durchlässt. Eine solche Entwicklung der Wahrnehmung, hin zum klaren Erkennen (*Samāpatti*), erfolgt in Schritten. Ihre Tiefe hängt vom Schliff des Kristalls ab. Zunächst ist das klare Erkennen nur in Bezug auf grobe und leicht durchschaubare Themen vorhanden und verrät Einflüsse der Imagination *(Vikalpa)*, der Aussagen anderer Personen *(Āgamā)* oder der Fähigkeit zu Schlussfolgerungen *(Anumāna)*. Dieser erste Schritt wird *Savitarkā-Samāpatti* genannt. Wer weiterhin in Übung bleibt, überwindet die Wirkung dieser Einflüsse auf die Wahrnehmung. Man spricht dann von einem geläuterten Gedächtnis, so dass allein der Augenblick der Wahrnehmung Gültigkeit hat. Die Aussagen anderer oder die Einwirkungen des Denkens, z. B. Interpretationen, verschwinden unter dem Einfluss der kraftvollen Wachsamkeit, mit der nun die Wahrnehmung erfolgt. Die Gegebenheit wird vollkommen erfasst, und die Eigenheit des Wahrnehmenden, die hier keine Rolle mehr spielt, scheint verschwunden zu sein. Das ist der zweite Schritt, genannt *Nirvitarkā-Samāpatti*. Im Laufe der fortgesetzten Übung gewinnt man diese beiden Wahrnehmungstiefen auch für sehr subtile Themen. Dann spricht man von *Savicāra-Samāpatti* oder *Nirvicāra-Samāpatti*, je nachdem, ob die Imagination, die Aussagen anderer Personen oder die Interpretationen aus dem Citta noch mitwirken oder nicht. Im Verlauf dieser Schritte wird die Klarheit allmählich intensiver, bis hin zur Gewinnung subtilster Erkenntnisse. Das ist der Weg zu jenem Zustand der »Selbstvergessenheit« im Sinne einer Freiheit von unserer üblichen »Selbstbesessenheit«. Es ist ein Zustand der vollkommenen Erkenntnis, frei von allem Einfluss, der nicht aus unserer eigenen unmittelbaren Erfahrung kommt. Er nennt sich *Samādhi*.

1.1

अथ योगानुशासनम् ॥१॥

atha yogānuśāsanam

Jetzt folgt eine Einführung in Yoga, die auf Erfahrung beruht.

1.1	*atha yoga-anuśāsanam*
atha	nun, jetzt; ein glückverheißendes Wort
anuśāsana	das, was auf Erfahrung basiert / die Einführung in eine Erfahrung

Erläuterung: Einheit lässt sich nicht erdenken oder erfühlen, sondern übend erfahren.

I.2

योगश्चित्तवृत्तिनिरोधः ॥ २ ॥

yogaścittavṛttinirodhaḥ

Yoga ist der Zustand, in dem die Bewegungen des *Citta* [des meinenden Selbst] in eine dynamische Stille übergehen.

1.2	*yogaḥ cittavṛtti-nirodhaḥ*
cittavṛtti	die Tätigkeiten, durch die *Citta* [das meinende Selbst] sich ausdrückt und die seine Aufgabe bilden
nirodha	kontrolliert / gehalten

Erläuterung: Einheit besteht, wenn alle Gefühle und Gedanken zueinander finden.

1.3

तदा द्रष्टुः स्वरूपेऽवस्थानम् ॥ ३ ॥

tadā draṣṭuḥ svarūpe' vasthānam

In diesem Zustand ruht *Draṣṭā* [das sehende Selbst] in der eigenen Form (und kann folglich erkannt werden).

1.3	*tadā draṣṭuḥ svarūpe avasthānam*
tadā	dann / in diesem Zustand
draṣṭā	(wörtlich) Seher / das wahrnehmende Prinzip / das sehende Selbst
draṣṭuḥ	des Sehers
svarūpe	in der eigenen Form
avasthāna	Wohnsitz

Erläuterung: Besteht Einheit, wird der unsterbliche, wesentliche Kern unseres Selbst erkannt.

1.4

वृत्तिसारूप्यमितरत्र ॥ ४ ॥

vṛttisārūpyamitaratra

In anderen Situationen beeinflussen die Bewegungen des *Citta* [des meinenden Selbst] die Erscheinungsform des *Draṣṭa* [des sehenden Selbst].

1.4	*vṛtti-sārūpyam itaratra*
vṛtti	die Tätigkeiten / die Bewegungen
sārūpya	ähnliche Form
itaratra	in anderen Situationen

Erläuterung: Besteht keine Einheit, wird die Wahrnehmung durch die Gefühle und die Gedanken beeinflusst.

1.5

वृत्तयः पञ्चतय्यः क्लिष्टाक्लिष्टाः ॥ ५ ॥

vṛttayaḥ pañcatayyaḥ kliṣṭākliṣṭāḥ

Die Bewegungen des *Citta* [des meinenden Selbst] sind in fünf Arten unterteilbar – sie können alle beschwerlich oder nicht beschwerlich sein.

1.5	*vṛttayaḥ pañcatayyaḥ kliṣṭā-akliṣṭāḥ*
vṛttayaḥ	die Aktivitäten des *Citta*
pañcatayyaḥ	fünf Arten
kliṣṭa	beschwerlich
akliṣṭa	nicht beschwerlich

Erläuterung: Die Wirkungsweise der Gefühle und der Gedanken, die uns jeweils unter Druck bringen oder vom Druck befreien können, lässt sich in fünf Arten unterteilen.

1.6

प्रमाणविपर्ययविकल्पनिद्रास्मृतयः ॥ ६ ॥

pramāṇaviparyayavikalpanidrāsmṛtayaḥ

Richtige Wahrnehmung, Verblendung, Vorstellung, Tiefschlaf und Erinnerung.

1.6	*pramāṇa-viparyaya-vikalpa-nidrā-smṛtayaḥ*
pramāṇa	richtige Wahrnehmung / Erkennen
viparyaya	falsche Wahrnehmung / Verblendung
vikalpa	Vorstellung / Imagination
nidrā	Tiefschlaf
smṛti	Erinnerung

Erläuterung: Gefühle und Gedanken ergeben eine richtige oder eine verfälschte Wahrnehmung, sind manchmal nur Vorstellung, kommen lediglich aus der Erinnerung oder sind unerkennbar.

1.7

प्रत्यक्षानुमानागमाः प्रमाणानि ॥ ७॥

pratyakṣānumānāgamāḥ pramāṇāni

Richtige Wahrnehmung entsteht auf drei Weisen – durch unmittelbare Erkenntnisse, durch Erkenntnisse, die wir über den Intellekt erlangen, und durch das Übernehmen von Erkenntnissen aus zuverlässigen Quellen.

1.7	*pratyakṣa-anumāna-āgamāḥ pramāṇāni*
pratyakṣa	vor den Augen, unmittelbar sehen / spontane Wahrnehmung
anumāna	basiert auf Berechnung / folgt über den Intellekt (*manas*) / Schlussfolgerung
āgama	was immer galt / das, was angenommen werden kann / Wahrheiten, die wir von glaubwürdigen Meistern und Quellen übernehmen
pramāṇāni	die Wahrnehmungen

Erläuterung: Ist die Wahrnehmung richtig, stützt der fühlende und denkende Geist sich entweder auf eine zuverlässige Quelle oder auf die Fähigkeit, eigene Schlüsse zu ziehen – oder er lässt die Wahrnehmung unbeeinflusst zu, so wie es bei der absichtslosen Betrachtung eines gegenständlichen Objektes durch die Sinnesorgane der Fall ist.

1.8

विपर्ययो मिथ्याज्ञानमतद्रूपप्रतिष्ठम् ॥ ८ ॥

viparyayo mithyājñānamatadrūpapratiṣṭham

Verblendung führt zu verkehrtem Wissen; der Gegenstand der Betrachtung wird anders verstanden, als er ist.

1.8	*viparyayaḥ mithyā-jñānam atadrūpa-pratiṣṭham*
viparyaya	falsche Wahrnehmung / Verblendung
mithyā	anders, als es ist
jñāna	Kenntnis / Wissen
a-	nicht
tadrūpa	genaue, gleiche Form
pratiṣṭha	verwurzelt

Erläuterung: Falsche Wahrnehmung ist gleich falsches Wissen.

1.9

शब्दज्ञानानुपाती वस्तुशून्यो विकल्पः ॥ ९ ॥

śabdajñānānupātī vastuśūnyo vikalpaḥ

Bei Vorstellung ist der Gegenstand gar nicht vorhanden; es entsteht eine Wahrnehmung basierend auf Worten (Symbolen).

1.9	*śabda jñāna-anupātī vastu-śūnyaḥ vikalpaḥ*
śabda	Wort (Symbol)
jñāna	Wissen
anupātī	folgend
vastu	Gegenstand
śūnya	abwesend
vikalpa	Vorstellung / Imagination

Erläuterung: Vorstellung oder Einbildung ermöglicht Wahrnehmung, obwohl kein wahrnehmbares Objekt vorliegt, Gefühle und Gedanken assoziieren auf der Basis von Worten oder Symbolen.

1.10

अभावप्रत्ययालम्बना तमोवृत्तिर्निद्रा ॥ १० ॥

abhāvapratyayālambanā tamovṛttirnidrā

Tiefschlaf ist der Zustand, in dem das *Citta* [das meinende Selbst] sehr träge wird und keine gegenwärtigen Eindrücke entstehen.

1.10	*abhāva-pratyaya-ālambanā tamas-vṛttiḥ-nidrā*
abhāva	das Nichtvorhandensein
pratyaya	Eindruck / Wahrnehmung / *Cittavṛtti*
ālambana	sich stützend auf
tamovṛtti	Tamas- (Trägheits-)Qualität
nidrā	Tiefschlaf

Erläuterung: Gefühle und Gedanken ergeben keine erkennbare Wahrnehmung, wenn der Mensch sich im Tiefschlaf befindet.

1.11

अनुभूतविषयासंप्रमोषः स्मृतिः ॥११॥

anubhūtaviṣayāsaṃpramoṣaḥ smṛtiḥ

Erinnerung ist eine Wahrnehmung, welche auf einer vergangenen, noch nicht völlig verschwundenen Situation basiert.

1.11	*anubhūta-viṣaya-asaṃpramoṣaḥ smṛtiḥ*
anu-bhūta	folgend auf vergangene
viṣaya	Gegenstand / Situation
a-	nicht
saṃ-	völlig
pramoṣa	beseitigt
smṛti	Erinnerung

Erläuterung: Manchmal wird die Wahrnehmung durch Gefühle und Gedanken aus der Erinnerung an frühere, ähnliche Situationen ergänzt.

1.12

अभ्यासवैराग्याभ्यां तन्निरोधः ॥१२॥

abhyāsavairāgyābhyāṃ tannirodhaḥ

Durch *Abhyāsa* [beharrliches Üben] und *Vairāgya* [Gleichmut] kann die dynamische Stille des *Citta* [des meinenden Selbst] erreicht werden.

1.12	*abhyāsa-vairāgyābhyāṃ tat-nirodhaḥ*
abhyāsa	beharrliches Üben / dabeibleiben (bei einem Thema)
vairāgya	Gleichmut / Gelassenheit / die Fähigkeit, sich nicht von außen vom eigenen Ziel ablenken zu lassen
-ābhyāṃ	aus den beiden
tan	jene
nirodha	die dynamische Stille des *Citta* [des meinenden Selbst]

Erläuterung: Beharrliches Üben und nachhaltiger Gleichmut führen unweigerlich zur Einheit der Gefühle und Gedanken.

1.13

तत्र स्थितौ यत्नोऽभ्यासः ॥ १३ ॥

tatra sthitau yatno'bhyāsaḥ

Mit Hilfe von Übungen standhaft bei einem gewählten Thema zu bleiben ist *Abhyāsa* [beharrliches Üben].

1.13	*tatra sthitau yatnaḥ abhyāsaḥ*
tatra	dort
sthitau	in der Standhaftigkeit
yatna	Mühe / Hinwendung / Übung
abhyāsa	beharrliches Üben / dabeibleiben (bei einem Thema)

Erläuterung: Beharrlich zu üben bedeutet, die Gefühle und die Gedanken auf ein Thema gerichtet zu halten.

1.14

स तु दीर्घकालनैरन्तर्यसत्कारादरासेवितो दृढभूमिः ॥१४॥

sa tu dīrghakālanairantaryasatkārādarāsevito dṛḍhabhūmiḥ

Nur dessen Übung wird Wurzeln schlagen, der lange Zeit ohne Unterbrechung mit einer hingebungsvollen Haltung und mit Rücksicht auf andere übt.

1.14	*sa tu dīrghakāla-nairantarya-satkāra-ādara-āsevitaḥ dṛḍhabhūmiḥ*
sa tu	jene (Mühe / Übung)
dīrghakāla	lange Zeit
nairantarya	ohne Unterbrechung
satkāra	Ehrfurcht / Hingabe / Sorgfalt
ādara	Respekt / Rücksicht / Enthusiasmus
āsevita	durchgehend geübt / mit allen oben genannten Qualitäten gemeinsam geübt
dṛḍha	fundierte
bhūmi	Erde

Erläuterung: Bei beharrlichem Üben werden Gefühle und Gedanken über eine lange Zeit wiederholt auf ein Thema ausgerichtet, ohne dabei in Gleichgültigkeit oder Hochmut gegenüber anderen zu verfallen.

1.15

दृष्टानुश्रविकविषयवितृष्णस्य वशीकारसंज्ञा वैराग्यम् ॥ १५ ॥

dṛṣṭānuśravikaviṣayavitṛṣṇasya vaśīkārasaṃjñā vairāgyam

Wenn der Durst sowohl nach bekannten Objekten als auch nach Objekten, von denen wir nur gehört haben, versiegt, bleibt das Bewusstsein im Gleichgewicht und *Vairāgya* [Gleichmut] entsteht.

1.15	*dṛṣṭa- anuśravika-viṣaya-vitṛṣṇasya vaśīkāra-saṃjñā vairāgyam*
viṣaya	Objekte / Dinge / Situationen / alles Wahrnehmbare
dṛṣṭa	unmittelbare (Objekte)
anuśravika	(Objekte) von denen man hört (die wir nicht erlebt haben)
vitṛṣṇa	Durstlosigkeit
vaśīkāra	unter voller Kontrolle / Führung
saṃjñā	Wissen / Bewusstsein
vairāgya	Gleichmut / Gelassenheit / die Fähigkeit, sich nicht von außen vom eigenen Ziel ablenken zu lassen

Erläuterung: Gleichmut besteht, wenn die Ausrichtung der Gefühle und Gedanken standhaft bleibt, unabhängig davon, was wir augenblicklich meinen oder was uns andere sagen.

1.16

तत्परं पुरुषख्यातेः गुणवैतृष्ण्यम् ॥ १६ ॥

tatparaṃ puruṣakhyāteḥ guṇavaitṛṣṇyam

Die höchste Stufe von *Vairāgya* [Gleichmut] kommt durch die ergreifende Erfahrung des *Puruṣa* [des inneren Selbst] zustande. Dabei sind sogar die *Guṇa* [Grundeigenschaften] in ihrer Triebhaftigkeit verhalten.

1.16	*tat-paraṃ puruṣa-khyāteḥ guṇa-vaitṛṣṇyam*
tat	dessen
paraṃ	überlegener
puruṣa	(wörtl.) der Bewohner / das unsterbliche Selbst / das unveränderliche Innere / das innere Selbst
khyāteḥ	aus der ergreifenden Erfahrung
guṇa	Grundeigenschaften
vaitṛṣṇya	sind durstlos (nicht triebhaft)

Erläuterung: Wird Gleichmut nachhaltig gewahrt, wird der unsterbliche Kern unseres Selbst erkannt.

1.17

वितर्कविचारानन्दास्मितारूपानुगमात् संप्रज्ञातः ॥ १७ ॥

vitarkavicārānandāsmitārūpānugamāt saṃprajñātaḥ

Saṃprajñātas-Samādhi [die vollkommene Erkenntnis bezogen auf ein Thema] entfaltet sich schrittweise. Erst offenbart sich das gewählte Thema oberflächlich, dann in seiner Tiefe. Dieser Entwicklung folgt der innere Glückszustand und dann das Einswerden mit dem Thema, so dass es vollkommen erfasst wird.

1.17	*vitarka-vicāra-ānanda-asmitā-rūpa-anugamāt saṃprajñātaḥ*
vitarka	oberflächliches / grobstoffliches (*sthūla*) Wissen
vicāra	tief greifendes / feinstoffliches (*sūkṣma*) Wissen
ānanda	endloses Glück / Glückseligkeit
asmitā	das Gefühl: »ich bin angekommen, ich bin identisch geworden (mit dem Ziel)« / Einheitswahrnehmung
rūpa	die Form / die Erscheinung (dieses Gefühls)
anugamāt	aus diesen Schritten heraus
saṃprajñāta	(wörtlich) vollkommenes Wissen / *Sabījas-Samādhi* – der erste der zwei Yogazustände (vollkommene Erkenntnis)

Erläuterung: Bei längerer und beharrlicher Übung mit Gleichmut gehen Gefühle und Gedanken zunächst abwägend und diskursiv auf das gewählte Thema zu, erst nach und nach entstehen tiefere Erkenntnisse. Wird ihre Ausrichtung weiter aufrechterhalten, folgt ein erfüllter innerer Glückszustand und dann das vollkommene Erfassen des Themas und die Einheit mit ihm.

1.18

विरामप्रत्ययाभ्यासपूर्वः संस्कारशेषोऽन्यः ॥ १८ ॥

virāmapratyayābhyāsapūrvaḥ saṃskāraśeṣo'nyaḥ

Im höheren Zustand von *Samādhi*, genannt *Asaṃprajñātas-Samādhi* [die freie vollkommene Erkenntnis], der *Abhyāsa* [das beharrliche Üben] voraussetzt, haben *Saṃskāras* [die erworbenen Neigungen] nur einen kleinen Rest an Bedeutung für die Wahrnehmung. Die Eindrücke, die mit der Wahrnehmung entstehen, hinterlassen keine Spur. Es herrscht große innere Stille.

1.18	*virāma-pratyaya-abhyāsa-pūrvaḥ saṃskāra-śeṣaḥ anyaḥ*
virāma	ruhende / still gewordene
pratyaya	Eindruck
abhyāsa	das beharrliche Üben
pūrvaḥ	vorausgesetzt
saṃskāra	Prägungen aus der Vergangenheit, die nicht erloschen sind / die erworbenen Neigungen
śeṣa	Reste
anya	der andere (der andere von den zwei Yogazuständen – *Nirbījas-Samādhi* [die freie vollkommene Erkenntnis])

Erläuterung: Durch ihre kontinuierliche Ausrichtung verlieren Gefühle und Gedanken weitestgehend ihren Einfluss, so dass alte, tief eingeprägte Erfahrungen die Wahrnehmung nicht mehr beeinflussen. Große innere Stille begleitet die tiefe Erkenntnis und die Erfahrung der Einheit.

1.19

भवप्रत्ययो विदेहप्रकृतिलयानाम् ॥ १९ ॥

bhavapratyayo videhaprakṛtilayānām

Es gibt Menschen, die eine angeborene Fähigkeit zur Erkenntnis besitzen, andere, die über besondere Körperkräfte verfügen, und wieder andere, deren Körper mit der Materie verschmolzen sind (so dass sie nicht in der Welt erscheinen).

1.19	*bhava-pratyayaḥ videha-prakṛtilayānām*
bhava	natürliche / angeborene
pratyaya	hohe Qualität der *Cittavṛtti* [der Aktivitäten des meinenden Selbst] / richtige Wahrnehmung
videha	Menschen mit besonderem Körper
prakṛtilaya	Menschen, die mit *Prakṛti* (mit der Urquelle der Materie) verschmolzen sind

Erläuterung: Es gibt Menschen, die dank angeborener Fähigkeit oder mittels leiblicher Verwandlung zu tiefster Erkenntnis gelangen.

1.20

श्रद्धावीर्यस्मृतिसमाधिप्रज्ञापूर्वक इतरेषाम् ॥ २० ॥

śraddhāvīryasmṛtisamādhiprajñāpūrvaka itareṣām

Für andere Menschen gehen Vertrauen, Handlungsbereitschaft, Nichtvergesslichkeit gegenüber dem gewählten Thema und eine tiefe Ahnung vom Ziel der inneren Stille voraus.

1.20	*śraddhā-vīrya-smṛti-samādhiprajñā-pūrvakaḥ itareṣām*
śraddhā	Vertrauen / Glauben / innere Überzeugung / bedingungsloses Interesse
vīrya	Energie / Kraft / Handlungsbereitschaft
smṛti	Erinnerung (an das Ziel)
samādhi	vollkommene Erkenntnis
prajñā	Wissen / Ahnung (von *Samādhi*)
pūrvaka	geht voraus
itareṣām	für andere (Menschen, die nicht zu den in *Sūtra* 1.19 erwähnten gehören)

Erläuterung: Im Allgemeinen sind unerschütterliches Vertrauen, Bereitschaft zu üben, wiederholtes Erinnern an die eigenen Vorsätze sowie ein tiefes Erahnen des Zieles notwendig, um Einheit zu erfahren.

1.21

तीव्रसंवेगानामासन्नः ॥ २१ ॥

tīvrasaṃvegānāmāsannaḥ

Durch intensive Tatkraft rückt das Ziel nahe.

1.21	*tīvra-saṃvegānām āsannaḥ*
tīvra	scharf / intensiv
samvega	Bewegung / Trieb / Tatkraft
āsanna	Nähe

Erläuterung: Wer sich intensiv genug bemüht, erreicht das Ziel.

1.22

मृदुमध्याधिमात्रत्वात्ततोऽपि विशेषः ॥ २२ ॥

mṛdumadhyādhimātratvāttato'pi viśeṣaḥ

Diese Intensität kann mild, mäßig oder stark sein.

1.22	*mṛdu-madhya-adhimātratvāt tataḥ api viśeṣaḥ*
mṛdu	mild
madhya	mäßig
adhimātra	stark
tataḥ	daraus (aus dieser Tatkraft)
api	obwohl / trotzdem
viśeṣa	Besonderheiten

Erläuterung: Die Intensität der jeweils notwendigen Übung ist nicht messbar – sie kann nicht durch einen Vergleich mit anderen festgestellt werden.

1.23

ईश्वरप्रणिधानाद्वा ॥ २३ ॥

īśvarapraṇidhānādvā

Oder durch Hingabe an *Īśvara*.

1.23	*īśvara-praṇidhānāt vā*
īśvara	das Göttliche / das Mächtige
praṇidhāna	aufmerksame Hingabe / Ehrfurcht
vā	oder

Erläuterung: Hingabe an das Große Vollendete Selbst ist ein Weg zur Einheit.

1.24

क्लेशकर्मविपाकाशयैरपरामृष्टः पुरुषविशेष ईश्वरः ॥ २४ ॥

kleśakarmavipākāśayairaparāmṛṣṭaḥ puruṣaviśeṣa īśvaraḥ

Īśvara ist ein *Puruṣa* besonderer Art, der unberührt ist von dem Kreislauf, der durch innere Triebe, triebhaftes Handeln, die Ergebnisse solchen Handelns und die Bindung an diese Ergebnisse geschlossen wird.

1.24	*kleśa-karma-vipāka-āśayaiḥ aparāmṛṣṭaḥ puruṣa-viśeṣaḥ īśvaraḥ*
kleśa	das, was einen beschwert / belästigt / belastet / die störenden Kräfte
karma	(triebgesteuerte) Handlung
vipāka	das Ergebnis (der Handlungen / *Karma*)
āśaya	das Sediment, das Überbleibsel, das als Erinnerung an Schmerz oder Freude zurückbleibt und Zündstoff für neue, weitere Handlungen werden kann
āśayaiḥ	durch die Sedimente
aparāmṛṣṭa	völlig unberührt
puruṣa	(wörtlich) der Bewohner / das unsterbliche Selbst / das unveränderliche Innere / das innere Selbst
viśeṣa	besonderer, außergewöhnlicher
īśvara	das Göttliche / das Mächtige

Erläuterung: Das Große Vollendete Selbst wirkt jenseits der Triebstrukturen, die das menschliche Handeln normalerweise bestimmen.

1.25

तत्र निरतिशयं सर्वज्ञबीजम् ॥ २५ ॥

tatra niratiśayaṃ sarvajñabījam

Īśvara ist allumfassend und die Quelle allen Wissens.

1.25	*tatra niratiśayaṃ sarvajña-bījam*
tatra	dort, darin (in *Īśvara*)
nir-	nicht
atiśaya	überschreiten
sarva-jña	alles an Wissen (zu allen Zeiten und in allen Bereichen)
bīja	Quelle, Wurzel

Erläuterung: Das Große Vollendete Selbst weilt jenseits des Raumes und ist der Ursprung sämtlichen Wissens.

1.26

स एष पूर्वेषामपि गुरुः कालेनानवच्छेदात् ॥ २६ ॥

sa eṣa pūrveṣāmapi guruḥ kālenānavacchedāt

Īśvara ist jenes und dieses, endlos und ursprungslos, nicht durch Zeit bedingt und der Ursprung des Lichts [Wissens].

1.26	*sa eṣa pūrveṣām api guruḥ kālena anavacchedāt*
sah	jener
eṣaḥ	dieser
pūrveṣām	der Ersten
api	sogar
guru	Meister / der, der uns von Unklarheit entschleiert / der, der uns die Dunkelheit nimmt
kālena	durch *Kāla* (Zeit)
anavaccheda	nicht gebrochen, nicht verändert

Erläuterung: Das Große Vollendete Selbst wirkt jenseits der Zeit und ist die Quelle, aus der Wissen entsteht.

1.27

तस्य वाचकः प्रणवः ॥ २७ ॥

tasya vācakaḥ praṇavaḥ

Praṇava ist jenes Wort, welches *Īśvara* symbolisiert.

1.27	*tasya vācakaḥ praṇavaḥ*
tasya	dessen (*Īśvaras*)
vācaka	Wortsymbol
praṇava	(wörtlich) das prächtig Neue, Frische / ein Symbol, welches immer seine ursprüngliche Reinheit wahrt (»*Om*« ist das klassische Beispiel für ein *Praṇava*)

Erläuterung: Benannt wird das Große Vollendete Selbst durch Wortsymbole.

1.28

तज्जपस्तदर्थभावनम् ॥ २८ ॥

tajjapastadarthabhāvanam

Die geistige Verschmelzung mit der Vorstellung von *Īśvara*, verbunden mit dem meditativen Wiederholen von *Praṇava* [dem Wort, das *Īśvara* symbolisiert], führt zur Hingabe.

1.28	*tat-japaḥ tad-artha-bhāvanam*
tat	des (*Praṇava*)
japa	durch *Japa* – besinnendes Wiederholen (laut, murmelnd oder mental)
tat	des (*Īśvara*)
artha	Inhalt / Sinn
bhāvana	Besinnen bis zur Verschmelzung / unaufhörliches Verbundensein mit einer Vorstellung

Erläuterung: Die Annäherung an das Große Vollendete Selbst erfolgt durch leidenschaftliche und hingebungsvolle Vorstellung bei gleichzeitigem Tönen eines Wortsymbols.

1.29

ततः प्रत्यक्चेतनाधिगमोऽप्यन्तरायाभावश्च ॥ २९ ॥

tataḥ pratyakcetanādhigamo'pyantarāyābhāvaśca

Dann offenbart sich der innere Erkenner (*Puruṣa*), und die Hindernisse lösen sich auf.

1.29	*tataḥ pratyakcetana-adhigamaḥ api antarāya-abhāvaḥ ca*
tataḥ	daraus (durch solches *Īśvarapraṇidhāna*)
pratyak	innere
cetana	*Cit* / *Puruṣa* / das Wahrnehmende / das Erkennende
adhigama	nach innen gehen / sich offenbaren
api	dazu noch
antarāya	das Zwischenwirkende / das Hindernis
abhāva	vergehen
ca	und

Erläuterung: Dann offenbart sich der unsterbliche Kern unseres Selbst und die individuellen Hindernisse lösen sich auf.

1.30

**व्याधिस्त्यानसंशयप्रमादालस्याविरति-
भ्रान्तिदर्शनालब्धभूमिकत्वानवस्थितत्वानि चित्तविक्षेपाः
तेऽन्तरायाः ॥ ३० ॥**

*vyādhistyānasaṃśayapramādālasyāvirati-
bhrāntidarśanālabdhabhūmikatvānavasthitatvāni cittavikṣepāḥ te'ntarāyāḥ*

Krankheit, Trägheit, Unentschiedenheit, Hast, Faulheit, Abgelenktheit, Fehleinschätzung, fehlende Zielstrebigkeit, Unbeständigkeit. Diese Hindernisse führen zur Zerstreuung des *Citta* [des meinenden Selbst].

1.30	*vyādhi-styāna-aṃśaya-pramāda-ālasya-avirati-bhrāntidarśana-alabdhabhūmikatva-anavasthitatvāni citta-vikṣepāḥ te antarāyāḥ*
vyādhi	Krankheit
styāna	Trägheit / Schwere
saṃśaya	Unentschiedenheit
pramāda	Hast / Geringschätzung
ālasya	Faulheit
avirati	Abgelenktheit / Unruhe
bhrāntidarśana	Verblendetheit / Neigung zur Fehldeutung
alabdhabhūmikatva	Mangel an Mut oder Vision, um bis zur Vollendung ein Ziel zu verfolgen / zu früh befriedigt sein / fehlende Zielstrebigkeit
anavasthitatva	Unbeständigkeit / Mangel an Beharrlichkeit
vikṣepa	Zerstreutheit / Unruhe
vikṣepāḥ	die Beunruhigungen
te	diese
antarāyāḥ	Hindernisse

Erläuterung: Sich krank fühlen, träge werden, sich nicht entscheiden können, hastig sein, Vorhaben aufschieben, zerstreut sein, Dinge überbewerten, sich nicht genügend zutrauen und unbeständig sein – das sind die Hindernisse, die das Fühlen und Denken nachteilig beeinflussen.

1.31

दुःखदौर्मनस्याङ्गमेजयत्वश्वासप्रश्वासा विक्षेपसहभुवः ॥ ३१ ॥

duḥkhadaurmanasyāṅgamejayatvaśvāsapraśvāsā vikṣepasahabhuvaḥ

Ist *Citta* [das meinende Selbst] zerstreut, so entsteht leidvolle Enge, eine pessimistische Ausrichtung des Geistes, körperliche Unkontrolliertheit und der Verlust der Kontrolle über den Atem (und damit über die Psyche).

1.31	*duḥkha-daurmanasya-aṅgam-ejayatva-śvāsapraśvāsāḥ-vikṣepa-sahabhuvaḥ*
duḥkha	(wörtlich) das, was den inneren Raum verengt / Schmerz / Leid / Druck
daurmanas	Trübsinnigkeit / Pessimismus / Besessensein von negativen Gedanken / das, was *Manas* (den Geist) dunkel macht
aṅga	Körper
ejayatva	Unruhe / Instabilität / Unbeherrschtheit
śvāsapraśvāsa	unruhige Atmung / Verlust der Atemkontrolle (was psychische Unruhe begleitet)
vikṣepa	Zerstreutheit / Unruhe
sahabhuva	Symptom / Nebenerscheinung

Erläuterung: Wenn Hindernisse gedeihen, entsteht ein innerer Druck, der allmählich das Fühlen und Denken trübt, den Körper verspannt und den Atem aus dem Fluss bringt.

1.32

तत्प्रतिषेधार्थमेकतत्त्वाभ्यासः ॥ ३२ ॥

tatpratiṣedhārthamekatattvābhyāsaḥ

Die Hindernisse werden bekämpft, wenn *Abhyāsa* [das beharrliche Üben] auf ein Ziel gerichtet ist.

1.32	*tat-pratiṣedha-ārtham eka-tattva-abhyāsaḥ*
tat	deren / der Hindernisse und der Symptome
pratiṣedha	dämmen / stopfen
artham	(zu diesem) Zweck
eka	ein
tattva	Prinzip / Thema
abhyāsa	beharrliches Üben / dabeibleiben (bei einem Thema)

Erläuterung: Beharrliche Ausrichtung der Gefühle und Gedanken auf ein Thema löst die individuellen Hindernisse auf.

1.33

मैत्रीकरुणामुदितोपेक्षणां सुखदुःखपुण्यापुण्यविषयाणां
भावनातश्चित्तप्रसादनम् ॥ ३३ ॥

maitrīkaruṇāmuditopekṣāṇāṃ sukhaduḥkha puṇyāpuṇyaviṣayāṇāṃ
bhāvanātaścittaprasādanam

Citta [das meinende Selbst] wird allmählich klar, wenn wir uns aus innerer Überzeugung jeweils freundlich, hilfsbereit, begeisterungsfähig und verzeihend gegenüber Menschen verhalten, die sich in Situationen des Glücks, des Unglücks, des Lobenswerten oder des Ächtenswerten befinden.

1.33	*maitrī-karuṇā-mudita-upekṣāṇāṃ sukha-duḥkha-puṇya-apuṇya-viṣayāṇāṃ bhāvanātaḥ citta-prasādanam*
maitrī	Freundlichkeit / Liebe
karuṇā	Mitempfinden / Hilfsbereitschaft
mudita	bestärkende Zuwendung / Enthusiasmus / Begeisterungsfähigkeit / Ermutigung
upekṣa	verständnisvolles Abstandhalten / vergebungsvolles Hinwegschauen
sukha viṣaya	glückliche Situation
duḥkha viṣaya	unglückliche Situation
puṇya viṣaya	Erfolgssituation / eine Situation, in der der andere etwas Gutes getan hat
apuṇya viṣaya	eine missglückte Situation / eine Situation, in der der andere etwas Negatives getan hat
bhāvana	die überzeugte, einheitsfördernde innere Einstellung / Unaufhörliches Verbundensein mit einer Vorstellung
bhāvanātaḥ	aus diesen *Bhāvanas*
prasādana	Klarheit

Erläuterung: Sich freuen, wenn andere Glück haben; ihnen zur Seite stehen, wenn sie leiden; sich für ihre guten Seiten begeistern und ihre schlechten betrachten, ohne sie zu verurteilen: Dadurch werden Fühlen und Denken klar.

1.34

प्रच्छर्दनविधारणाभ्यां वा प्राणस्य ॥ ३४ ॥

pracchardanavidhāraṇābhyāṃ vā prāṇasya

Oder durch das vollständige Ausatmen und das Stillhalten des Atems.

1.34	*pracchardana-vidhāraṇābhyāṃ vā prāṇasya*
pracchardana	vollständiges Hinauswerfen
vidhāraṇa	besonderes Halten
-ābhyāṃ	aus den beiden
vā	oder
prāṇasya	des *Prāna,* des Atems

Erläuterung: Wird der Atemraum durch tiefes, langes Ausatmen leer und frei, wird das Fühlen und Denken klar.

1.35

विषयवती वा प्रवृत्तिरुत्पन्ना मनसस्स्थितिनिबन्धिनी ॥ ३५ ॥

viṣayavatī vā pravṛttirutpannā manasassthitinibandhinī

Oder durch die Kontemplation darüber, auf welche Weise die Sinne sich auf Objekte zubewegen, können die mentalen Regungen gebündelt fließen, und der Geist kann dadurch stabil werden.

1.35	*viṣayavatī vā pravṛttiḥ-utpannā manasaḥ-sthiti-nibandhinī*
viṣayavatī	Kontemplation über die Art, wie Sinne auf Gegenstände zugehen
vā	oder
pravṛtti	gesteuerte / geschulte *Cittavṛttis* [Tätigkeiten *Citta*]
utpannā	hervorkommen / sichtbar werden
manasaḥ	von *Manas* / des Geistes
sthiti	Stabilität
nibandhinī	Gebundenheit

Erläuterung: Beginnt man zu verstehen, wie die persönliche Sichtweise die Wahrnehmung beeinflusst, kommen die mentalen Regungen ins Gleichgewicht.

1.36

विशोका वा ज्योतिष्मती ॥ ३६ ॥

viśokā vā jyotiṣmatī

Oder durch das Besinnen auf das innere Licht, welches von Leid unberührt ist.

1.36	*viśokā vā jyotiṣmatī*
viśokā	ohne Leid
vā	oder
jyotiṣmatī	das Besinnen auf das Licht

Erläuterung: Sich den Bereich im eigenen Inneren, der jedes Leid anschauen kann und dennoch von keinem Leid berührt ist, als Licht vorzustellen löst mentalen Druck.

1.37

वीतरागविषयं वा चित्तम् ॥ ३७ ॥

vītarāgaviṣayaṃ vā cittam

Oder indem das *Citta* [das meinende Selbst] auf die Weisheiten von Menschen, die große Krisen überwunden haben, gelenkt wird.

1.37	*vītarāga-viṣayaṃ vā cittam*
vītarāga	Menschen, die Gier (*Rāga*) überwunden haben, die Krisen bewältigt haben
viṣaya	die Erfahrungen / Themen (Geschichte, Aussagen)
vā	oder
citta	das meinende Selbst

Erläuterung: Zu erfahren, was Menschen fühlen und denken, die große Krisen überwunden und Gleichmut entwickelt haben, hilft, das eigene Fühlen und Denken positiv zu lenken.

1.38

स्वप्ननिद्राज्ञानालम्बनं वा ॥ ३८ ॥

svapnanidrājñānālambanaṃ vā

Oder indem wir uns auf das Wissen stützen, das wir vom Tiefschlaf und vom Traum gewinnen.

1.38	*svapna-nidrā-jñāna-ālambanaṃ vā*
svapna	Traum
nidrā	Tiefschlaf
jñāna	Wissen
ālambana	Stütze
vā	oder

Erläuterung: Den Zustand des Tiefschlafs zu betrachten zeigt die innewohnende Fähigkeit zur Ruhe. Den Zustand des Traumes oder auch einzelner Träume zu betrachten schenkt Wissen über Fühlen und Denken.

1.39

यथाभिमतध्यानाद्वा ॥ ३९ ॥

yathābhimatadhyānādvā

Oder durch *Dhyānam* [das stille Reflektieren] über das, was unsere Zuneigung hat.

1.39	*yathā-abhimata-dhyānāt vā*
yathā	so wie / entsprechend
abhimata	Zuneigung / Liebe
dhyānāt	aus *Dhyānam* [dem stillen Reflektieren]
vā	oder

Erläuterung: Das stille Meditieren über ein Thema, das anspricht, stabilisiert Fühlen und Denken.

1.40

परमाणुपरममहत्त्वान्तोऽस्य वशीकारः ॥ ४० ॥

paramāṇuparamamahattvānto'sya vaśīkāraḥ

Wenn das *Citta* [das meinende Selbst] zur Stille gekommen ist, gelingt alles: vom kleinsten Atom bis hin zum Makrokosmos – alles gelangt unter die Kontrolle eines solchen Menschen.

1.40 *paramāṇu-parama-mahattva-antaḥ asya vaśīkāraḥ*

paramāṇu das kleinste Atom
parama-mahattva der größte Kosmos
antaḥ bis hin zu
asya dessen / von einer solchen Person
vaśīkāra Kontrolle

Erläuterung: Bleiben Fühlen und Denken im Fluss, werden alle Aufgaben im Leben lösbar, von den subtilsten bis zu den komplexesten.

1.41

क्षीणवृत्तेरभिजातस्येव मणेर्ग्रहीतृग्रहणग्राह्येषु तत्स्थतदञ्जनता समापत्तिः ॥ ४१ ॥

kṣīṇavṛtterabhijātasyeva maṇergrahītṛgrahaṇagrāhyeṣu tatsthatadañjanatā samāpattiḥ

Im Zustand der genauen Erkenntnis, genannt *Samāpatti*, ist die Triebhaftigkeit des *Citta* [des meinenden Selbst] abgeschwächt. *Citta* ist hier wie ein Edelstein von hoher Herkunft. Der begreifende *Draṣṭā*, das begriffene Objekt und *Citta*, das Mittel zum Begreifen, sind in einer Einheit, so dass das Objekt von *Citta* genau übernommen und an *Draṣṭā* weitervermittelt wird.

1.41	*kṣīṇa-vṛtteḥ abhijātasya-iva maṇeḥ grahītṛ-grahaṇa-grāhyeṣu tatstha-tadañjanatā samāpattiḥ*
kṣīṇa	reduziert
vṛtteḥ	(von den) Tätigkeiten
abhijātasya	von edler Herkunft
iva	wie
maṇeḥ	eines Edelsteins
grahītṛ	der (Be-)Greifende
grahaṇa	das Mittel zum Begreifen – *Citta* [das meinende Selbst]
grāhya	das Objekt, das begriffen wird
stha	stehen / verwurzelt sein
tatstha	eins steht auf dem anderen
tadañjanatā	eins färbt das andere
samāpatti	genaues Treffen, genaue Erkenntnis

Erläuterung: Genaue Erkenntnisse entstehen, wenn der wahrnehmende Kern des Selbst, das wahrgenommene Thema und das vermittelnde Fühl- und Denkvermögen in Übereinkunft stehen.

1.42

तत्र शब्दार्थज्ञानविकल्पैः संकीर्णा सवितर्का समापत्तिः ॥४२॥

tatra śabdārthajñānavikalpaiḥ saṅkīrṇā savitarkā samāpattiḥ

Dieser Zustand hat (vier) verschiedene Intensitäten. Wenn der Wahrnehmung Quellwissen, Schlussfolgerungen oder Vorstellungen beigemischt sind, heißt er *Savitarkā-Samāpatti*.

1.42	*tatra śabda-ārtha-jñāna-vikalpaiḥ saṅkīrṇā savitarkā samāpattiḥ*
tatra	darin
śabda-jñāna	Wissen basierend auf Aussagen anderer
artha-jñāna	Wissen basierend auf Schlussfolgerung
vikalpa	Vorstellung
vikalpaiḥ	durch die Vorstellungen
saṅkīrṇa	vermischt
sa	mit
savitarkā	mit fremdem Wissen, Schlussfolgerung oder Vorstellung
samāpatti	genaues Treffen, genaue Erkenntnis

Erläuterung: Genaue Erkenntnisse kommen in vier verschiedenen Intensitäten vor: Wirkt bei der Wahrnehmung die Vorstellungskraft, das Wissen aus äußeren Quellen oder die Schlussfolgerungsfähigkeit mit, ist dies die einfachste Stufe der Erkenntnis.

1.43

स्मृतिपरिशुद्धौ स्वरूपशून्येवार्थमात्रनिर्भासा निर्वितर्का ॥४३॥

smṛtipariśuddhau svarūpaśūnyevārthamātranirbhāsā nirvitarkā

Der Zustand, in dem das Gedächtnis völlig gereinigt ist, so dass die Wirkung des *Citta* [des meinenden Selbst] kaum spürbar ist und allein das Objekt der Betrachtung leuchtet, heißt *Nirvitarkā-Samāpatti*.

1.43 *smṛti-pariśuddhau svarūpa-śūnya-iva artha-mātra-nirbhāsā nirvitarkā*

smṛti pariśuddhau	wenn *Smṛti* [Erinnerung] gereinigt ist / wenn Erinnerung sich nicht aufdrängt
svarūpa	die eigene Form (gemeint ist die Form von *Citta*)
śūnya	erloschen
iva	als ob
arthamātra	das Objekt allein
nirbhāsā	leuchtet
nir	ohne
nirvitarkā	ohne fremdes Wissen, Schlussfolgerung oder Vorstellung
samāpatti	genaues Treffen, genaue Erkenntnis

Erläuterung: Beschränkt sich die Erinnerungsfähigkeit auf ihre wesentliche Aufgabe, so sind bei einer tiefen Erkenntnis die Aktivitäten des Fühlens und Denkens kaum spürbar und das erkannte Thema ist in aller Klarheit offenbar.

1.44

एतयैव सविचारा निर्विचारा च सूक्ष्मविषया व्याख्याता ॥ ४४ ॥

etayaiva savicārā nirvicārā ca sūkṣmaviṣayā vyākhyātā

Diese beiden Erkenntniszustände heissen *Savicārā-* bzw. *Nirvicārā-Samāpatti*, wenn es sich um subtile Objekte handelt.

1.44	*etayā eva savicārā nirvicārā ca sūkṣma-viṣayā vyākhyātā*
etayā	dadurch
eva	allein
savicārā	subtiles Wissen mit (fremdem Wissen, Schlussfolgerung und Vorstellung)
nirvicārā	subtiles Wissen ohne (fremdes Wissen, Schlussfolgerung und Vorstellung)
ca	und
sūkṣma	subtil
viṣaya	Objekt
vyākhyātā	sind erläutert

Erläuterung: Die dritte und die vierte Stufe der Erkenntnis entsprechen den ersten beiden Stufen, beziehen sich jedoch auf äußerst subtile Themen.

1.45

सूक्ष्मविषयत्वञ्चालिङ्गपर्यवसानम् ॥ ४५ ॥

sūkṣmaviṣayatvañcāliṅgaparyavasānam

Das Objekt der Betrachtung kann immer subtiler werden. Das Unbenennbare ist die Grenze dafür und kann auch noch Objekt der Betrachtung sein.

1.45	*sūkṣma-viṣayatvaṃ ca aliṅga-paryavasānam*
sūkṣma	die subtile Qualität
viṣayatva	das Objekt sein
ca	und
aliṅga	das Undefinierbare / das, was sich nicht einmal durch Symbole präzisieren lässt
paryavasāna	Grenze

Erläuterung: Das Thema, auf das Fühlen und Denken ausgerichtet werden, kann sich allmählich so subtil entfalten, dass es nicht einmal mehr durch Worte oder Symbole benannt werden kann.

1.46

ता एव सबीजस्समाधिः ॥ ४६ ॥

tā eva sabījassamādhiḥ

Diese vier Arten von *Samāpatti* [Erkenntniszuständen], werden *Sabījas-Samādhi* genannt, die vollkommene Erkenntnis bezogen auf ein Thema.

1.46	*tā eva sabījaḥ-samādhiḥ*
tā	diese
eva	allein / eben
sabīja	mit Samen / bezogen auf einen Kern, ein Thema
samādhi	vollkommene Erkenntnis

Erläuterung: Diese Schritte zur vollkommenen Erkenntnis beziehen sich alle auf ein Thema.

1.47

निर्विचारवैशारद्येऽध्यात्मप्रसादः ॥ ४७ ॥

nirvicāravaiśāradye'dhyātmaprasādaḥ

Wenn die Fähigkeit zu *Nirvicārā-Samāpatti*, der höchsten Form der vier Erkenntniszustände, wächst, wird sich der Übende dem *Ātmā* [dem inneren Selbst] nähern.

1.47	*nirvicāra-vaiśāradye adhyātma-prasādaḥ*
nirvicāra	subtiles Wissen ohne (fremdes Wissen, Schlussfolgerung und Vorstellung)
vaiśāradye	in der Tüchtigkeit
ātma	das innere Selbst / die innere Seele
adhyātma	*Ātmā* steht vor einem
prasāda	geht hervor (als Wirkung)

Erläuterung: Die intensive Schulung der Fähigkeit, das Fühlen und Denken auszurichten, führt langfristig zu Selbsterkenntnis.

1.48

ऋतम्भरा तत्र प्रज्ञा ॥ ४८ ॥

ṛtambharā tatra prajñā

Dann wird das Bewusstsein erfüllt von Erkenntnissen, die der Realität entsprechen.

1.48	*ṛtambharā tatra prajñā*
ṛta	Wahrheit
bharā	trächtig
tatra	dort
prajñā	Bewusstsein

Erläuterung: Wer sich selbst erkennt, dessen Wahrnehmung ist unverfälscht.

1.49

श्रुतानुमानप्रज्ञाभ्यामन्यविषया विशेषार्थत्वात् ॥ ४९ ॥

śrutānumānaprajñābhyāmanyaviṣayā viśeṣārthatvāt

Es werden Erkenntnisse über Themen gewonnen, die nicht durch Schlussfolgerung oder Quellwissen zu erschließen sind.

1.49	*śruta-anumāna-prajñābhyām anya-viṣayāḥ viśeṣa-arthatvāt*
śruta-prajñā	Wissen, das auf zuverlässigen Quellen *(Āgama)* basiert
anumāna-prajñā	Wissen, das auf Schlussfolgerung *(Anumāna)* basiert
anya	anderes
viṣaya	Objekt
viśeṣa	besondere
arthatva	Beziehung zum Objekt, zur Wahrnehmung

Erläuterung: Wer sich selbst erkennt, wird Dinge auf eine Art und Weise verstehen, die nichts mit Schlussfolgerungen oder Wissen aus äußeren Quellen zu tun hat.

1.50

तज्जस्संस्कारोऽन्यसंस्कारप्रतिबन्धी ॥ ५० ॥

tajjassaṃskāro'nyasaṃskārapratibandhī

Die Prägung solcher Erkenntnisse löst die Neigungen in uns auf, die sich aus Unkenntnis und fehlerhaften Erkenntnissen entwickelt haben.

1.50	*tajjaḥ-saṃskāraḥ anya-saṃskāra-pratibandhī*
tat	das (jene Erkenntnis / *Samādhiprajñā*)
ja	entstehend
tat-jaḥ	das daraus kommende
saṃskāraḥ	Prägungen / Neigungen (basierend auf solchen Erkenntnissen)
anya	andere
pratibandhī	entgegnen

Erläuterung: Erkenntnisse, die nicht Schlussfolgerungen oder äußeren Wissensquellen entstammen, lösen die Spuren von Wahrnehmungen auf, die dieser Reinheit nicht entsprechen.

1.51

तस्यापि निरोधे सर्वनिरोधान्निर्बीजस्समाधिः ॥ ५१ ॥

tasyāpi nirodhe sarvanirodhānnirbījassamādhiḥ

Der Zustand, in dem alle Prägungen eingebunden sind, einschließlich derer, die ohne Schlussfolgerungen und Quellwissen entstanden sind, heißt *Nirbījas-Samādhi* [die freie vollkommene Erkenntnis].

1.51	*tasya api nirodhe sarva-nirodhāt nirbījaḥ-samādhiḥ*
tasya	dessen (bezogen auf Neigungen, die aus Erkenntnismomenten entstehen / *Prajñā-Saṃskāras*)
api	sogar
nirodha	gebunden
sarva	alles
nirodhāt	aus der Gebundenheit
nirbīja	samenlos / frei / ungebunden
samādhi	vollkommene Erkenntnis

Erläuterung: Der kontinuierliche Zustand, in dem die Spuren bekannter Wahrnehmungen gar keine Wirkung mehr haben, ist die höchste Stufe des Yoga.

साधनपादः

Sādhana-Pāda

Die Übung

Zusammenfassung des 2. Kapitels

Das zweite Kapitel heißt *Sādhana-Pāda* oder der Abschnitt über den Übungsweg des Yoga.

Kriya-Yoga (1–2)

Yoga lässt sich durch unser alltägliches Tun verwirklichen. Fast jede Tätigkeit kann eine läuternde Wirkung auf uns haben und dadurch allmählich zu Yoga führen. Eine Betätigung, die solche Wirkung hat, wird *Kriyā-Yoga*, Yoga des Handelns, genannt. Entscheidend dafür ist die innere Haltung, mit der wir eine Tätigkeit ausführen. Nehmen wir eine Person, die regelmäßig Körperübungen praktiziert. Wenn sie sich beim Üben Mühe gibt, sorgfältig und überlegt das übt, was für sie passend ist, und sich in das Üben versenkt, ohne sich ständig mit dem Nutzen zu beschäftigen, dann ist es *Kriyā-Yoga*. Jede Aktivität kann als Übung des Yoga angesehen werden, die mit den folgenden drei Qualitäten ausgeführt wird: Leidenschaft (*Tapas*), Vernunft (*Svādhyāya*) und Hingabe (*Īśvarapraṇidhāna*). Leidenschaft bedeutet hier, dass wir unsere Trägheit überwinden und die Aufgabe mit viel Engagement angehen. Mit Hingabe ist gemeint, dass wir trotz engagiertem Tun nicht zu hohe Erwartungen an die Ergebnisse stellen, dafür aber die Tätigkeit einfach genießen. Wir können in Erwartung bestimmter Ergebnisse etwas unternehmen, aber ob diese Ergebnisse sich einstellen werden, ist nicht immer vorhersehbar. Deshalb geht es darum, sich zu bemühen, die Aufgabe ohne Erwartungshaltung liebevoll zu erfüllen. Zwischen eifrigem Tun und gelassener Hingabe hält die Vernunft die Waage. Sie sorgt dafür, dass die Leidenschaft nicht zu Waghalsigkeit oder Rücksichtslosigkeit wird. Ebenso verhindert die Vernunft, dass die Gelassenheit gegenüber den Ergebnissen zu Gleichgültigkeit oder Unachtsamkeit führt. Wir handeln kraftvoll und eifrig, erkennen aber die Grenzen unserer Kräfte. Wir überbewerten das Ziel nicht, sind uns aber bewusst, dass wir zielgerichtet handeln. Die Tätigkeiten, die uns interessieren, mit solcher Sorgfalt, Aufmerksamkeit und Achtsamkeit auszuführen bewirkt umfassende geistige Klarheit, und die *Kleśas*, die störenden Kräfte, werden dadurch abgebaut.

Was sind *Kleśas*? (3–11)

Kleśas sind belastende, tief sitzende Kräfte, die unser Tun und Denken beeinflussen. Je nachdem, wie dieser Einfluss aussieht, spricht das *Yogasūtra* von fünf Kräften, allen voran von *Avidyā,* der Verwechslung. Die Neigung zur Verwechslung (*Avidyā*) ist wie ein inneres Urteil, das die reale Gegenwart vorwegnimmt und stattdessen etwas Eigenes aus dem Wissen, das in der Vergangenheit erworben wurde, präsentiert. Die Verwechslung kann zu egozentrischem Verhalten (*Asmitā*), blinder Anziehung (*Rāga*), Vorurteil (*Dveṣa*) und Angst (*Abhiniveśa*) führen.

In einem stabilen Zustand spüren wir kaum, dass uns diese störenden inneren Kräfte beeinflussen. Beispielsweise vermittelt uns eine gute Yoga-Praxis das Gefühl, zumindest für eine Weile von unserem triebgesteuerten Verhalten befreit zu sein. Wir sollten aber trotzdem wachsam bleiben. Schon kurze Zeit danach könnte irgendeine Auseinandersetzung uns in emotionalen Aufruhr versetzen oder uns Kummer bereiten. Wir sollten uns nicht täuschen lassen, nur weil die störenden *Kleśas* für einen Moment nicht sichtbar sind, und nicht glauben, dass wir nun vor Irrtümern gefeit sind, denn die *Kleśas* wirken nicht immer offensichtlich und gleich stark, sondern sind manchmal auch in den Hintergrund zurückgedrängt. Ihre Wurzeln stecken sehr tief in uns, daher ist es vernünftig, achtsam zu bleiben.

Avidyā ist falsche Erkenntnis. Es ist die Verwechslung dessen, was für uns nachhaltig bedeutsam ist, mit dem, was uns nur allgemein bedeutsam erscheint. Der Verlust eines Geldscheines kann so schwerwiegend erscheinen wie der Verlust der Arbeitsstelle und zu übertrieben ängstlichen Reaktionen führen. Eine Erkenntnis über die eigene Person kann eine tiefe Selbsterfahrung vortäuschen und zu Selbstgefälligkeit verleiten.

Asmitā ist missratenes Selbstbewusstsein. Selbstbewusstsein ist notwendig und gut. Wenn wir uns allerdings nicht darüber im Klaren sind, was das »Selbst« ist, worüber wir Bewusstheit anstreben, und zu viel Wert auf ein oberflächlich verstandenes »Selbst« legen, dann haben wir es mit egozentrischem Verhalten zu tun. Dies kann sich als Eitelkeit, Stolz, Überheblichkeit oder als Gefühl der Minderwertigkeit äußern.

Zuneigung, Eifer und Liebe sind sehr wichtige, wesentliche Qualitäten. Wenn sie aber falsche Hoffnungen erwecken oder die Realität verblenden, dann unterliegen wir einer blinden Anziehung (*Rāga*). Wir klammern uns an etwas fest, in der Meinung, es wird uns viel Glück verschaffen, und sind dabei blind für die tatsächlichen Auswirkungen dieses Verlangens.

Schon im ersten Kapitel wurde *Vairāgya* [Gleichmut] als absolut wesentlich für die Yogapraxis besprochen. Wenn Gleichmut ausartet und daraus Gleichgültigkeit oder sogar Abneigung erwächst, dann fällen wir Vorurteile (*Dveṣa*). In der falschen

Annahme, dass ein Objekt oder ein Mensch schlecht für uns ist, meiden oder verabscheuen wir sogar etwas oder jemanden.

Das Unvorhersehbare ist etwas, vor dem wir uns beugen müssen und das uns lehren kann, Hingabe zu entwickeln. Wenn aber das Unvorhersehbare uns zu beängstigen und zu verblenden beginnt, dann hat uns die Angst (*Abhiniveśa*) im Griff. Dann fürchten wir uns vor allem Unbekannten und insbesondere vor dem Tod.

Bei allen Fehlern, die wir im Leben machen, handelt es sich um Verwechslungen des Wahrgenommenen: Wir schätzen das, was wir sehen, anders ein, als es wirklich ist. Deshalb wird die Verwechslung (*Avidyā*) als die Mutter der übrigen vier Erscheinungsformen der *Kleśas* bezeichnet.

Allein durch *Dhyāna*, das reflektierte Handeln, lässt sich das Verwechseln abbauen. Das Reflektieren ist in diesem Kontext keine mentale Übung in stillen Momenten, sondern die innere Haltung im Sinne von *Kriyā-Yoga* während jeglicher Tätigkeit.

Wie ist die Wirkungsweise der *Kleśas*? (12–14)

Das *Yogasūtra* erläutert, dass diese tief liegenden *Kleśas* die erworbenen Handlungsneigungen (*Saṃskāras*) in uns auslösen. Ein häufig wiederholtes Verhalten prägt sich so stark ein, dass die Erinnerung die Kraft bekommt, dieses Verhalten erneut zu animieren. Diese Handlungsneigungen aus dem Erworbenen (*Samskāras*), die eng mit der Kraft der Erinnerung verknüpft sind, häufen sich im Verlauf unseres langen Lebens an und werden Grundlage für die meisten unserer Handlungen (*Karmas*). Solche Handlungen werden nicht bewusst vollzogen, sondern von den *Samskāras* angeregt. Insofern werden wir für sie auch nicht die volle bewusste Verantwortung übernehmen. Je nachdem, ob das Ergebnis der Handlung mit einer Glücks- oder Unglückserfahrung verbunden ist, werden wir dazu neigen, die Lage zu werten, die Neutralität zu verlieren, Meinungen zu bilden und dadurch wieder in den Bann der *Kleśas* zu geraten und entsprechend zu reagieren. Aus dem Knäuel der *Kleśa*-Kräfte entstehen Handlungen, die gar nicht bewusst erfolgen, sondern einfach triebhaft aus uns herauskommen und dann ein Glücks- oder Unglücksgefühl entstehen lassen, welches wiederum zur Grundlage für weitere triebhafte Handlungen wird. Somit stärkt sich der daraus entstehende Kreislauf ständig selbst.

So wird jemand, der mit bestimmten Körperübungen des Yoga *(Āsanas)* Schmerzen beheben konnte, bei ähnlichen Schmerzen zu einem anderen Zeitpunkt erwarten, dass die gleichen Übungen ihm wieder helfen. Noch bevor er darüber reflektiert, welche Übungen wirklich passend sind, wird er zur Ausführung dieser gleichen *Āsanas* angetrieben. Lindert die Ausführung die Schmerzen, könnte sich der Glaube an die Richtigkeit dieser Meinung steigern. Werden jedoch die Schmerzen nicht gelindert, so droht die Entfaltung von Enttäuschung und daraus Abneigung gegenüber der Situation oder den Übungen. Beide Reaktionen sind Nährstoffe für

Kleśas. Wir verwechseln die eine Situation mit der anderen, und die Kraft der Erinnerung beeinflusst unser Handeln. Es ist unsere Aufgabe, diesen Kreislauf an irgendeiner Stelle zu durchbrechen.

Der erste Schritt, um aus diesem Kreislauf herauszukommen, ist zu erkennen, was das Problem ist! (15–16)

Die Frage nach der Quelle der Störungen steht für uns zunächst nicht im Vordergrund. Ein viel zentralerer Beweggrund im Leben eines Menschen ist die Frage, wie er glücklicher werden und sein Leiden vermindern kann. *Duḥkha*, das Leiden, ist allgegenwärtig. Jedem Menschen wird immer wieder etwas begegnen, durch das er leidet, z.B. Körperschmerzen, Alter, Tod, ungünstige äußere Veränderungen, die Last mancher Gewohnheit, Konflikte eigener Interessen. Nicht nur das Leiden vermindern zu wollen, sondern anzuerkennen, dass es allgegenwärtig ist, ist ein wichtiges erstes Erwachen. Damit ist nicht die Resignation gegenüber einer traurigen Tatsache gemeint. Im Gegenteil, der Wunsch nach der Auflösung von Leiden (*Duḥkha*) wird uns nie verlassen. Das Leiden von sich fern zu halten ist eine der wichtigsten Motivationen für alles menschliche Tun.

Kein Mensch wird je aufhören, sich nach einem Zustand von Erfüllung und der Freiheit von Leiden zu sehnen, auch wenn es nur für eine Nacht beim Schlafen ist. Das Leiden und seine Verminderung – eine zentrale Beschäftigung im Leben der Menschen – wird zu einem großen Problem, wenn der leidende Mensch übersieht, dass seine Sehnsucht nach Freiheit eigentlich auf das Leiden als solches ausgerichtet ist und nicht auf eine bestimmte Leidsituation, die durchgemacht wurde. Es ist unsere Verblendung, dass wir die Erfahrung von Leid nur auf das konkret Geschehene beziehen. Die Ausrichtung unserer Energie auf das Leiden als solches kann uns dagegen dazu bewegen, künftigem Leiden vorzubeugen. Der erste Schritt ist folglich der, dass wir die Gegenwärtigkeit von Leiden anerkennen und bemüht bleiben, Wege zu finden, künftiges Leid zu verringern.

Wir machen vieles falsch im Leben, denn sich zu irren ist menschlich. Doch auch dann, wenn wir unsere Lage erkennen, können wir das Leid nicht einfach aus unserem Gedächtnis streichen. Also sagt das *Yogasūtra:* Lass es los, nimm es an, erst dann kannst du darüber hinweg vorausschauen.

Der zweite Schritt, um aus diesem Kreislauf herauszukommen, ist zu erkennen, woher das Problem kommt! (17–24)

Hier nun spielt der Einfluss der störenden eigenen Kräfte eine große Rolle. Um den Zusammenhang zwischen ihnen und dem Leiden zu verstehen, ist es notwendig, über die Wahrnehmung oder die Zusammenkunft von *Draṣṭā* und *Dṛśya* zu sprechen. Was sind *Draṣṭā* und *Dṛśya*?

All das, was der Mensch wahrnehmen kann, ist *Dṛśya*, also die ganze Welt. Es beinhaltet grobe Objekte und feinstoffliche Qualitäten, sowohl äußerliche Gegenstände als auch persönliche Eigenschaften. Es kann etwas sein, dass so subtil ist, dass wir es nur noch mit Symbolen verdeutlichen können, oder sogar das Allersubtilste, dass sich nicht einmal durch Symbole beschreiben lässt.

Draṣṭā ist das sehende Selbst, zu dem die Wahrnehmung hinströmt. Es ist das tiefe wissende Wesen in uns, das anders als das *Citta* dieser Wahrnehmung nichts beimischt. *Draṣṭā* ist etwas sehr Reines. Rein bedeutet hier, anders als im europäischen Sprachgebrauch, vor allem beständig, ohne Veränderung, gleich bleibend. Weil es immer gleich bleibend ist und nicht überall hingewendet ist, kann dieses Wesen tief sehen. Wer sich dagegen in alle Richtungen wendet, sieht mal dies, mal das, unstet und flüchtig. Nur wer einen ganz konstanten Standpunkt behält, wird fortlaufend und mit einem allumfassenden Überblick sehen. *Draṣṭā*, das Sehende, ist ein solcher Punkt. Er weilt in unserer Mitte, verändert sich nie und beobachtet dadurch alles, was passiert. Aber seine Erkenntnisse erfolgen immer nur über das *Citta* und wir hören ihn nur mittels des *Citta*. Was er beobachtet und was wir davon verstehen, ist folglich nicht immer genau das, was da ist. Er sieht das, was da ist, und gleichzeitig auch das, was vom *Citta* beigemischt wurde. Er ähnelt dem Zuschauer eines Films, der nicht nur den Film sieht, sondern auch die Leinwand, die die Erscheinung des Filmgeschehens ermöglicht.

Jede Wahrnehmung ist eine eigentümliche Zusammenkunft von *Draṣṭā*, dem Sehenden, und *Dṛśyam*, dem Gesehenen. Diese Zusammenkunft (genannt *Saṃyoga*) kann Freude oder Leid mit sich bringen. Wenn uns eine gewisse Wahrnehmung Schmerz verursacht, wenden wir die Ausrichtung der Wahrnehmung ab. Wenn sie uns jedoch glücklich macht, schauen wir intensiver in diese Richtung. Der Schmerz weckt das Interesse, woanders hinzuschauen, die Freude gibt den Anstoß, intensiver in die gleiche Richtung zu schauen. Die Glücks- und Unglückserfahrungen (*Sukha*- und *Duḥkha*-Gefühle) werden auf diese Weise der Zusammenkunft von *Draṣṭā* und *Dṛśya* eine Richtung geben. Obwohl die Glücks- und Unglückserfahrungen relativ und zeitbedingt sind, sind sie ständiger Anstoß für unsere Wahrnehmungen und Aktivitäten. Sie existieren nicht nur als Falle, um uns in triebhafte Handlungen zu verwickeln, sondern auch als Anstoß, um Lösungswege zu finden. Damit bekommt auch die ganze Welt (*Dṛśya*) einen Sinn in unserem Leben.

Ob die Welt einen positiven oder einen negativen Einfluss hat, hängt nicht von dem wahrgenommen Objekt ab, sondern von der Art der Zusammenkunft (*Saṃyoga*) zwischen dem Menschen und dem Objekt. Ein bestimmter Gegenstand, z.B. ein Lebensmittel, kann für jemanden Gift sein oder auch ein Heilmittel. Das hängt davon ab, wie viel er davon zu sich nimmt, zu welchem Zeitpunkt und so weiter. Wenn jemand bei Verstopfung schweres Getreide isst, kann das Gift sein. Wenn ein anderer Mensch, der sehr abgemagert und schwach ist, gutes Getreide zu sich nimmt, dann kann das für ihn ein wahrhaftes Heilmittel sein. Ob jemand durch den Kontakt mit der Welt ein Gefangener oder ein Befreiter ist, hängt von ihm selbst ab. Die Art und die Qualität der Wahrnehmung, über die er bestimmen kann, wird letztlich die wichtigste Rolle dabei spielen, ob er weiterhin leidet oder glücklich wird. Den Ursprung des Leidens in der eigenen Wahrnehmungsweise zu sehen ist der zweite Schritt.

Nicht immer können wir die Ergebnisse, mit denen wir im Leben konfrontiert werden, irgendwelchen Taten, die von uns selbst ausgingen, zuordnen. Denn die Ergebnisse sind nicht immer unmittelbar da, wie etwa nach dem Verzehr von etwas Giftigem. Sie sind auch nicht immer auffallend, wie heftige Kopfschmerzen, die wir als eine große Störung sofort deutlich spüren. Wenn wir etwas Verdorbenes gegessen haben, kann es vorkommen, dass wir erst einen Tag später an Magenverstimmung leiden und das nicht mehr dem Essen zuordnen können. Oder aber, wenn uns jemand beleidigt, wollen wir uns nicht eingestehen, dass der Beleidigende uns empfindlich getroffen hat, und spüren die Kränkung deshalb erst einmal nicht.

Es gibt aber genügend Fälle, in denen eine Zuordnung mit ein wenig Mühe und Übung möglich ist. Wir müssen nur beginnen, unsere Erlebnisse von Wohl- und Unwohlsein mit den entsprechenden zurückliegenden Zusammenkünften zwischen uns und den jeweiligen Objekten zu verknüpfen, dann entsteht eine neue Sichtweise der Dinge.

Was ist der dritte Schritt? (25)

Das triebhafte Verhalten, das zur Verwechslung führt, ist ein Schleier, der nicht nur die Welt verhüllt und uns unscharf präsentiert. Vor allem verhüllt dieser Schleier unseren *Draṣṭā*, so dass die Zusammenkunft zwischen ihm und der Welt eine unstimmige Wahrnehmung auslöst. Jedes Gewahrwerden einer solchen Täuschung führt allerdings zu einem Riss in diesem Schleier. Die wachsende Durchdringung der Natur und der Auswirkungen der Verwechslung kann den *Draṣṭā* allmählich von seinen Umhüllungen befreien, so dass seine Stimme für uns klarer wird, sein Wissen für uns erkennbar. Der dritte Schritt besteht darin, sich bewusst zu machen, dass diese Entwicklung möglich und erstrebenswert ist.

Was ist der Weg zum Ziel? (26–29)

Die Einwirkung der Verwechslung (*Avidyā*) ist so subtil, dass wir oft gar nicht sagen können, ob es sich bei einer Wahrnehmung nun um eine Täuschung handelt oder nicht. Das unablässige Tätigsein im Sinne des *Kriyā-Yoga* hilft uns, achtsam zu bleiben, Schein vom Sein zu unterscheiden, und nach und nach den Schleier der Verwechslung zu zerreißen.

Fortwährend Acht zu geben, dass uns die Unterscheidungsfähigkeit nicht verlässt, ist eine schwierige Aufgabe. Dennoch gibt uns das *Yogasūtra* Hoffnung in Form von acht Übungsgliedern, die die achtsame Unterscheidungsfähigkeit auf verschiedenen Ebenen unserer Persönlichkeit schulen. Wer diese Übungsglieder praktiziert, kann sich auf allen Ebenen – auf körperlicher, organischer, emotionaler und mentaler Ebene – von der Last der Erinnerung und des triebhaften Verhaltens befreien. Wer so übt, wird mit Sicherheit die Wirkung der störenden inneren Kräfte vermindern können und den *Draṣṭā* zum Vorschein treten lassen.

Die allgemeinen Regeln für die Übung (30–34)

Die Übungsweise sollte sowohl unsere Konstitution als auch den Ort, die Zeit und die Situation berücksichtigen. Erst im Laufe der Zeit wird es für uns möglich, auf solche Rücksichtnahme zu verzichten und uns unnachgiebig auf das Üben einzulassen. Manchmal ist es aufgrund unserer Vergangenheit oder aufgrund unserer Kultur oder Situation nicht möglich, dass wir uns an gewisse Regeln halten. Nehmen wir als Beispiel die zwei Vorschläge, nicht unnötigen Besitz zu horten und sich nicht aggressiv zu verhalten. Wir können nicht verlangen, dass ein Händler plötzlich völlig damit aufhört, Besitz zu horten, oder dass eine Lehrerin es ganz vermeidet, mit einem unruhigen Schüler energisch umzugehen. Aufgrund von beruflichen, familiären oder kulturellen Faktoren werden manchmal gewisse Umgangsweisen mit Menschen und Materie annehmbar. Wer aber wirklich die Freiheit von Aggressivität oder Besitzgier anstrebt, sollte nicht vergessen, dass solches Verhalten nur in Bezug auf eine bestimmte Situation und zu einem bestimmten Zeitpunkt in Ordnung ist und nicht zur Regel werden darf.

Andererseits, nur zu vermeiden, zu einer aggressiven Pädagogin oder reich an Besitz zu werden, reicht auch nicht. Man muss weitestgehend auf Aggressivität und Besitzanspruch verzichten. Daran zu arbeiten ist als langfristiges Ziel zu verstehen.

Wenn wir Fragen oder Zweifel bezüglich der Übung haben, sollten wir sie aus einer völlig neuen Perspektive betrachten. Sind wir zum Beispiel unsicher, ob ein gewisses Verhalten von uns aggressiv ist oder nicht, können wir versuchen, die Frage aus unterschiedlichen Blickwinkeln zu beantworten: Wenn ich mich von diesem Verhalten distanziere, bleibe ich vielleicht trotzdem Verursacher oder Anlass der Aggression? Ist Wut, Gier, Schadenfreude oder etwas Ähnliches hinter meinem Verhalten? Bin ich bereit für die Konsequenzen, die dadurch entstehen können? Ein anderes Beispiel: Jemand macht eine Entschlackungskur und fragt sich, ob es ihm dabei um Reinheit (*Śauca*) oder um Eitelkeit geht. Um diese Fragen zu beantworten, stellt er sich vor, dass es nicht Eitelkeit ist, sondern wirklich um Reinigung geht. Dann überlegt er sich, was ihn überhaupt dazu bewog, die Kur zu machen, was er sich von dieser erhofft, mit welcher Einstellung er daran teilnimmt und ob er bereit ist für die Konsequenzen, die sich aus der Kur ergeben können. Hinterfragt er sich so, wird er mehr und mehr herausfinden, ob er nun aus Eitelkeit oder wirklich zur inneren Reinigung kurt.

Yama, Niyama, Āsana, Prāṇāyāma, Pratyāhāra, Dhāraṇā, Dhyānam und *Samādhi* sind die acht Übungsthemen. Sie sind die verschiedenen Glieder des ganzheitlichen Yogaweges und sind in ihrer Wichtigkeit alle gleichwertig. Sie stellen eine Umschulung des Verhaltens dar, die sich an sechs verschiedene Ebenen unserer Persönlichkeit richtet, beginnend von der äußersten bis hin zur subtilsten Ebene: das Verhalten gegenüber der Natur und anderen Menschen (*Yama*), der Umgang mit der eigenen alltäglichen Energie (*Niyama*), der Umgang mit dem Körper (*Āsana*), mit dem Atem (*Prāṇāyāma*), den Sinnen (*Pratyāhāra*) und schließlich mit dem Geist (*Dhāraṇā, Dhyāna* und *Samādhi*). Wer seine Übungsweise nach dem Handlungsmodell des *Kriyā-Yoga* ausrichtet, wird ganzheitlich üben. Das bedeutet in diesem Zusammenhang, dass die Umschulung des Verhaltens auf einer Ebene unser Verhalten auf allen anderen Ebenen beeinflusst und uns zu bewusstem Üben auf allen Ebenen motiviert.

Yama (35–39)

Zu *Yama* gehören fünf Regeln, die unser Verhalten gegenüber anderen Menschen definieren. Auch, wenn wir Yoga für unsere eigene Entwicklung praktizieren und andere Menschen für uns dabei keine bedeutende Rolle spielen, üben wir es in einem sozialen Umfeld aus. Wir kommen unweigerlich mit anderen Menschen in Kontakt. Die sozialen Beziehungen spielen eine sehr wichtige Rolle bei der Entfaltung unserer Ziele. Zumindest insofern, als wir nicht friedlich üben können, solange wir in schlechten Beziehungen zu den Menschen um uns herum stehen und in unglücklichen Verhältnissen leben. Deshalb ist es von großer Bedeutung, die Regeln des *Yama* zu beherzigen. Das *Yogasūtra* gibt uns den Raum, diese Regeln allmählich in unsere Lebensweise zu integrieren, und fordert nicht die sofortige gewaltsame Beherrschung unserer sichtbaren Triebe. Worum geht es bei diesen fünf Regeln?

Gewaltlosigkeit: Wer sich der Auswirkungen seiner Worte und Taten bewusst ist, langfristig friedfertig bleibt und in Gewaltlosigkeit verwurzelt ist, beeinflusst seine Umgebung zum Verzicht auf Gewalt.

Wahrhaftigkeit: Wer den Mut zeigt, stets die Wahrheit zu sprechen, aber dabei andere nicht verletzt, dessen Taten und Worte werden in Erfüllung gehen.

Nicht-Stehlen: Wer unter keinen Umständen das begehrt, was einem anderen gehört, ob es Werte materieller oder anderer Art sind, dem werden große Reichtümer zuteil.

Im Bewusstsein des Höchsten weilen: Wenn unsere Emotionen im Bewusstsein des Göttlichen verwurzelt sind, werden sie nicht der Wucht der *Kleśas* unterliegen. Dann können sie uns große Energie geben.

Nicht-Horten: Wer es völlig meidet, Materie zu horten, wird seine Herkunft nicht vergessen und seine Lebensaufgabe nicht aus den Augen verlieren.

Die nach den Definitionen aufgelisteten Ergebnisse dieser *Yama*-Übungen sind wie Wegweiser, anhand derer wir erkennen, ob unsere Übung in die richtige Richtung führt.

Niyama (40–45)

Niyama sind fünf weitere Regeln, die den Umgang mit uns selbst definieren, d.h. das Verhalten unserer eigenen Person gegenüber. Was sollten wir in unserem alltäglichen Leben alles bedenken? Auch diese Regeln lassen sich abhängig von unserer Lebenssituation schrittweise entwickeln.

Reinigung: Die unablässige Ausübung von Reinigung nach dem System von *Kriyā-Yoga* schafft die Eitelkeit ab und Abstand zu schlechten Einflüssen von anderen Menschen.

Genügsamkeit: Wer fortwährend genügsam ist und dankbar für das, was da ist, erfährt das größte Glück.

Disziplin: Durch große Disziplin im alltäglichen Leben verbunden mit dem Reduzieren von Unreinheiten entfalten sich die Kräfte des Leibes.

Selbststudium: Durch geistige Bildung und Selbststudium offenbart sich das Thema, welches zum Leitfaden für all unsere Übung werden soll und für unsere Versenkung wichtig ist.

Hingabe: Durch bedingungslose Hingabe entwickelt sich der höchste Yogazustand.

Āsana (46–48)

Āsana ist eine Körperhaltung, die stabil und zugleich leicht ist. Das bezieht sich nicht nur auf eine bestimmte Körperübung, sondern im Allgemeinen auf unsere Haltung des Körpers im Leben. Wir kommen in die Haltungsqualität von Stabilität und gleichzeitiger Leichtigkeit nur durch regelmäßige Übung. Die Körperübungen, die hierzu dienen, werden auch *Āsanas* genannt.

Zur Ausführung der einzelnen Übungen gehört die Überwindung von Trägheit durch die passende Anwendung von Kraft. Die Kraftanwendung sollte dabei so erfolgen, dass unnötige Anspannung mehr und mehr vermieden wird. Beim Üben ist nicht nur die kraftvolle Bemühung, sondern auch die richtige Einstellung des

Geistes wichtig. Wir sollten bei der Übung konzentriert sein und die Gedanken auf etwas sehr Subtiles und Unaufhörliches wie den Atem ausrichten.

Das richtige Üben von *Āsanas* bringt ein klares Ergebnis: Es erhöht unsere Widerstandskräfte und macht den Körper stabil.

Prāṇāyāma (49–53)

Das nächste Thema bringt uns ein gutes Stück in die Tiefe unseres Wesens. Es ist das zentrale unter den acht Übungsgliedern, denn es bietet den direktesten Weg, das *Citta* positiv zu beeinflussen. *Prāṇāyāma* ist die Führung des Atems, bei der *Prāṇa*, die subtile Kraft hinter dem Atem, ins Gleichgewicht gelangen kann. Eine wichtige Voraussetzung dafür ist, dass der Körper die Grundlage der Stabilität und Leichtigkeit besitzt.

Das *Yogasūtra* nennt alle Bestandteile einer vollständigen Atemübung. *Prāṇāyāma* verlangt, dass der Atem lang und fein geführt wird. Die Verlängerung des Atems darf nicht dazu führen, dass der Luftstrom grob wird, noch darf der Wunsch, einen feinen Luftstrom zu erzeugen, uns dazu verleiten, dass wir den Atem unterdrücken. Die Ausatmung, die Einatmung und auch das Anhalten des Atems sowohl nach dem Ausatmen als auch nach dem Einatmen können verlängert werden. Dabei ist wichtig, die eigenen Grenzen zu respektieren. Denn das Ziel ist nicht ein einziger langer Atemzug, sondern viele Atemzüge ähnlicher Länge hintereinander. Auch sollte sich die Länge der einzelnen Phasen nicht von Atemzug zu Atemzug unbeständig verändern. Deshalb empfiehlt es sich, die Länge der Atemphasen schon im Voraus festzulegen. Vor allem aber ist es bei *Prāṇāyāma* wichtig, dass die Konzentration auf ein Thema, einen Punkt oder ein Objekt festgelegt bleibt.

Es gibt unzählige Formen von *Prāṇāyāma*-Übungen. Wer lange und regelmäßig *Prāṇāyāma* praktiziert, stellt fest, dass am Ende der Übung der Atem eine neue Eigenschaft bekommen kann. Nicht nur der natürliche Atem wird sehr ruhig, sondern auch der Geist und die Gedanken gelangen in eine ruhige Stimmung und die Wahrnehmung wird scharfer. Das macht deutlich, warum *Prāṇāyāma* eine sehr wichtige Rolle im Yoga hat: Es ist einfach das Tor zur Versenkung der Gedanken in ein Thema. Das *Yogasūtra* sagt, dass *Prāṇāyāma* die Schleier entfernt, die das innere Licht verhüllen, und die Fähigkeit zur Konzentration ausbildet.

Das Thema oder Objekt, auf das die Konzentration während des *Prāṇāyāma* ausgerichtet wird, kann auch gleichzeitig Gegenstand der Übungen mit dem Geist werden. Insofern bietet *Prāṇāyāma* eine direkte Vorbereitung auf diesen subtilen Bereich der Yogaübungen.

Pratyāhāra heißt wörtlich »das Fasten«. Ziel dieses Übungsgliedes ist es, dass unser Zugehen auf die Außenwelt nicht von den Möglichkeiten und Gewohnheiten der Sinne beherrscht wird. Die Sinne empfangen zwar jeweils nur die ihnen entsprechenden Reize (die Augen Bilder, die Ohren Klänge, die Nase Gerüche usw.), aber sie sind wie offene Türen. Sie lassen die nützlichen und die störenden, die erwünschten sowie die unerwünschten Informationen hinein.

Wenn im *Yogasūtra* von Sinnen die Rede ist, dann sind damit nicht nur die fünf Sinnesfunktionen Hören, Fühlen, Sehen, Schmecken und Riechen gemeint. Weitere fünf Funktionen, die auch wie diese fünf Sinne auf Reize reagieren, werden dazu gezählt: Sprechen, Gestalten (mit den Händen), Gehen (mit den Füßen), Verdauen und sexuelle Zusammenkunft. Auch sie dienen gleich Toren dazu, die Außenwelt zu erfühlen, aber lassen die konstruktiven sowie die destruktiven, die beabsichtigten sowie die nicht beabsichtigten Dinge geschehen.

Gemeinsam bilden diese zehn Funktionen unsere Kontaktzugänge zur Außenwelt. Sie haben die Eigenschaft, auf unkontrollierbare Weise auf Reize zu reagieren. Sobald ein Geräusch entsteht, lauschen die Ohren, ob uns nun das Geräusch interessiert oder nicht. Ihr eigenständiges Wirken ist ein großes Hindernis, wenn wir wirklich nach innen lauschen und die Stimme des inneren Selbst vernehmen wollen. Sobald sich die Gelegenheit bietet, sagen wir etwas, ob wir das nun wirklich sagen wollten oder nicht. Das eigenständige Wirken der Sprechfunktion kann es uns erschweren, die Worte zu finden, die wir wirklich sagen möchten.

Es wird keinen Sinn haben, diese Funktionen zu unterdrücken. Solange die Aktivitäten des *Citta* (Wissen vermitteln, sich erinnern, sich etwas vorstellen und so weiter) zerstreut sind, können die Sinnesfunktionen nicht zielgerichtet werden. *Pratyāhāra* ist deshalb eine sehr feine Übung und kein grobes Beherrschen der Sinne. Die Atemführung, *Prāṇāyāma*, ist eine gute Vorbereitung auf sie.

Wenn es uns gelingt, die Sinnesfunktionen so zu besänftigen, dass sie sich nicht zu leicht mit äußeren Informationen verbinden, dann verbünden sie sich mit *Citta*. So werden die Sinnesorgane zu Instrumenten, die dem *Citta* dienen und nicht der äußeren Welt. Nicht der äußere Reiz, sondern die innere Absicht ist dann für die Wirkung dieser Funktionen bestimmend. Das kann allmählich dazu führen, dass die Sinne nach innen gerichtet werden und die Innenwelt unmittelbar erlebt wird. Daraus kann die Fähigkeit erwachsen, die nächsten drei Übungsglieder anzugehen.

2.1

तपस्स्वाध्यायेश्वरप्रणिधानानि क्रियायोगः ॥१॥

tapassvādhyāyeśvarapraṇidhānāni kriyāyogaḥ

Mit Bereitschaft zum Verzicht leidenschaftlich zu handeln, dabei durch Rücksicht auf die eigenen Kräfte und Grenzen über sich selbst zu lernen und dem Unvorhersehbaren gegenüber offen zu sein, das wird *Kriyā-Yoga* genannt.

2.1	*tapaḥ-svādhyāya-īśvarapraṇidhānāni kriyā-yogaḥ*
tapaḥ	das Brennen / der Verzicht / die Leidenschaft
svādhyāya	Selbststudium / sich selbst nähern
īśvarapraṇidhāna	hingebungsvolles Handeln, ohne die Ergebnisse in den Vordergrund zu stellen / Hingabe an *Īśvara*
kriyā	rituelle / reinigende Handlung

Erläuterung: Einheit äußert sich, wenn mit uneingeschränktem Einsatz gehandelt wird, unter Berücksichtigung individueller Fähigkeiten und Grenzen, ohne dabei den Eigenwillen überzubewerten.

2.2.

समाधिभावनार्थः क्लेशतनूकरणार्थश्च ॥ २ ॥

samādhibhāvanārthaḥ kleśatanūkaraṇārthaśca

Solches Handeln schwächt die *Kleśas* [die störenden Kräfte] ab und führt zur innigen Ahnung von *Samādhi* [der vollkommenen Erkenntnis].

2.2	*samādhi-bhāvana-arthaḥ kleśa-tanū-karaṇa-arthaḥ ca*
samādhibhāvana	intensive Ahnung dessen, was *Samādhi* ist
artha	Ergebnis / Ziel
ca	und
kleśa	das, was einen beschwert / belästigt / belastet / die störenden Kräfte
tanū	entschlackt, dünn
karaṇa	zum Geschehen bringen

Erläuterung: Das achtsame Vorgehen bringt langfristig tiefe Erkenntnisse und löst störende Neigungen auf.

2.3

अविद्याऽस्मितारागद्वेषाभिनिवेशाः क्लेशाः ॥ ३॥

avidyā'smitārāgadveṣābhiniveśāḥ kleśāḥ

Die *Kleśas* [die störenden Kräfte] sind *Avidyā,* die Verwechslung, *Asmitā,* die Selbstbezogenheit, *Rāga,* die blinde Zuneigung, *Dveṣa,* die blinde Abneigung, und *Abhiniveśa*, die unbegründete Angst.

2.3	*avidyā-asmitā-rāga-dveṣa-abhiniveśāḥ kleśāḥ*
avidyā	Irrung / Verwechslung
asmitā	Egoismus / Selbstbezogenheit
rāga	blinde Zuneigung / Gier
dveṣa	blinde Abneigung / Vorurteil
abhiniveśa	das Festhalten an etwas (am Leben) / Angst / Todesangst
kleśa	das, was einen beschwert / belästigt / belastet / die störenden Kräfte

Erläuterung: Sich täuschen, die Dinge selbstbezogen sehen, zwanghaft von etwas angezogen sein oder eine Abneigung gegen etwas hegen und sich grundlos ängstigen – das sind tief sitzende störende Neigungen.

2.4

अविद्या क्षेत्रमुत्तरेषां प्रसुप्ततनुविच्छिन्नोदाराणाम् ॥ ४ ॥

avidyā kṣetramuttareṣāṃ prasuptatanuvicchinnodārāṇām

Avidyā [die Verwechslung] ist der Nährboden für die übrigen *Kleśas* [störenden Kräfte]. Die *Kleśas* können in unterschiedlichen Intensitäten wirksam sein: schlummernd, als junge Triebe ihren Kopf zeigend, deutlich erkennbar oder auffallend lebhaft.

2.4	*avidyā kṣetram uttareṣāṃ prasupta-tanu-vicchinna-udārāṇām*
avidyā	Irrung / Verwechslung
kṣetram	Feld
uttareṣām	für die Übrigen
prasupta	schlummernd / liegend / verborgen
tanu	jung / sprösslingshaft
vicchinna	ausgewachsen / mit klaren Merkmalen
udāra	groß geworden / mächtig
-āṇām	von diesen allen

Erläuterung: Geht die Klarheit verloren, werden die störenden Neigungen wirksam – unbeachtet und subtil oder auffallend und deutlich.

2.5

अनित्याशुचिदुःखानात्मसु नित्यशुचिसुखात्मख्यातिरविद्या ॥ ५ ॥

anityāśuciduḥkhānātmasu nityaśucisukhātmakhyātiravidyā

Unbeständiges für Beständiges, Unreines für Reines, Unglückbringendes für Glückbringendes und Unwesentliches für das Wesentliche zu halten ist *Avidyā* [die Verwechslung].

2.5	*an itya-aśuci-duḥkha-anātmasu nitya-śuci-sukha-ātmakhyātiḥ avidyā*
anitya	Unbeständiges
aśuci	Unreines
duḥkha	Leidvolles, Unglückbringendes
anātma	Unwesentliches
nitya	Beständiges
śuci	Reines
sukha	Glückbringendes
ātma	das Wesentliche
khyāti	Anerkennung / Erkennung
avidyā	Irrung / Verwechslung

Erläuterung: Sich täuschen ist nichts anderes, als das Wesentliche mit dem Unwesentlichen oder das Nachhaltige mit dem Nichtnachhaltigen zu verwechseln.

2.6

दृग्दर्शनशक्त्योरेकात्मतेवास्मिता ॥ ६ ॥

dṛgdarśanaśaktyorekātmatevāsmitā

Draṣṭā und *Citta*, d.h. das unsterbliche und sehende mit dem sterblichen und meinenden Selbst zu verwechseln ist *Asmitā* [die Selbstbezogenheit].

2.6	*dṛk-darśana-śaktyoḥ ekātmatā iva asmitā*
śakti	Kraft / Energie
dṛkśakti	die Kraft des *Draṣṭā* [des sehenden Selbst]
darśanaśakti	die Kraft des vermittelnden *Citta* [des meinenden Selbst]
ekātmatā	Einheit
iva	als ob
asmitā	Egoismus / Selbstbezogenheit

Erläuterung: Selbstbezogenheit entsteht durch die Verwechslung des unsterblichen Wesenskerns mit der unbeständigen Persönlichkeit.

2.7

सुखानुशयी रागः ॥ ७ ॥

sukhānuśayī rāgaḥ

Fälschlich darauf zu bauen, dass uns ein Objekt Glück bringt, ist *Rāga* [die blinde Zuneigung].

2.7	*sukha-anuśayī rāgaḥ*
sukha	Befriedigung / Glück
anuśayī	darauf beruhen / damit rechnen
rāga	blinde Zuneigung / Gier

Erläuterung: Dinge ziehen einen an, weil ihnen zwanghaft die Fähigkeit zugeschrieben wird, Glück zu bringen.

2.8

दुःखानुशयी द्वेषः ॥ ८ ॥

duḥkhānuśayī dveṣaḥ

Fälschlich damit zu rechnen, dass uns ein Objekt Unglück bringt, ist *Dveṣa* [die blinde Abneigung].

2.8	*duḥkha-anuśayī dveṣaḥ*
duḥkha	Unglück / Leid / Schmerz / Druck
anuśayī	darauf beruhen / damit rechnen
dveṣa	blinde Abneigung / Vorurteil

Erläuterung: Dinge werden abgelehnt, weil ihnen zwanghaft die Fähigkeit zugeschrieben wird, Unglück zu bereiten.

2.9

स्वरसवाही विदुषोऽपि समारूढोऽभिनिवेशः ॥ ९ ॥

svarasavāhī viduṣo'pi samārūḍho'bhiniveśaḥ

Abhiniveśa [die unbegründete Angst] kommt von selbst, ohne dass ein äußeres Objekt zum Anstoß nötig wäre, und bewegt sogar weise und erwachte Menschen.

2.9	*svarasa-vāhī viduṣaḥ api samārūḍhaḥ abhiniveśaḥ*
rasa	Essenz / Natur
svarasa	von eigener Natur
vāhī	Träger / dasjenige, das etwas in Bewegung bringt / hält
viduṣa	der Weise
api	sogar
samārūḍha	der weit Entwickelte
abhiniveśa	das Festhalten an etwas (am Leben) / Angst / Todesangst

Erläuterung: Angst kann ohne konkrete Grundlage gedeihen, sie bewegt sogar Menschen, die zahlreiche Erkenntnisse über das Leben gewonnen haben.

2.10

ते प्रतिप्रसवहेयाः सूक्ष्माः ॥१०॥

te pratiprasavaheyāḥ sūkṣmāḥ

Auch wenn die *Kleśas* [die störenden Kräfte] nur schlummern, ist es wichtig, ihrem Gedeihen entgegenzuwirken.

2.10	*te prati-prasava-heyāḥ sūkṣmāḥ*
te	sie (*Kleśas* – die störenden Kräfte)
heya	das, was vermieden, entsorgt oder überwunden werden soll
prati	dagegen
prasava	das Gedeihen / Befruchten
sūkṣma	subtil

Erläuterung: Tief sitzende Neigungen lassen sich am leichtesten auflösen, während sie im Schlummerzustand sind.

2.11

ध्यानहेयास्तद्वृत्तयः ॥ ११ ॥

dhyānaheyāstadvṛttayaḥ

Die Aktivität dieser triebhaften Kräfte lässt sich durch *Dhyānam* [das stille Reflektieren] überwinden.

2.11	*dhyāna-heyāḥ tad-vṛttayaḥ*
dhyāna	*Kriyā-Yoga* / das stille Reflektieren
heyāḥ	vermeiden / entsorgen / überwinden
tat	deren (der *Kleśas*)
vṛttayaḥ	Bewegungen / Aktivitäten

Erläuterung: Stille Meditation hilft, tief sitzende Neigungen aufzulösen.

2.12

क्लेशमूलः कर्माशयो दृष्टादृष्टजन्मवेदनीयः ॥ १२ ॥

kleśamūlaḥ karmāśayo dṛṣṭādṛṣṭajanmavedanīyaḥ

Kleśas [die störenden Kräfte] bilden die Wurzeln der Neigungen, aus denen Handlungen entspringen. Die Wurzeln werden in diesem Leben (in der nahen Zukunft) oder in einem künftigen Leben (in der fernen Zukunft) erkennbar.

2.12	*kleśa-mūlaḥ karma-āśayaḥ dṛṣṭa-adṛṣṭa-janma-vedanīyaḥ*
kleśa	das, was einen beschwert / belästigt / belastet / die störenden Kräfte
mūla	Wurzel
āśaya	das Sediment / das Überbleibsel, das ein Gefäß bildet
karmāśaya	die Quelle, aus der die Handlungen kommen / *Saṃskāra*
dṛṣṭajanma	sichtbares Leben (nahe Zukunft)
adṛṣṭajanma	unsichtbares Leben (ferne Zukunft)
vedanīya	erfahrbar / bemerkbar

Erläuterung: Tief sitzende Neigungen beeinflussen das Handeln entweder in absehbarer Zeit oder zu einem fernen Zeitpunkt auf bewusste oder unbewusste Weise.

2.13

सति मूले तद्विपाको जात्यायुर्भोगाः ॥१३॥

sati mūle tadvipāko jātyāyurbhogāḥ

Das Ergebnis von Handlungen aus solchen Neigungen hat drei Eigenarten: die Art und Weise, wie es beeinflussend wirkt, die Dauer der Wirkung und das Glücks- bzw. Unglücksgefühl, welches es hinterlässt.

2.13	*sati mūle tad-vipākaḥ jāt-āyuḥ-bhogāḥ*
sati mūle	wenn das der Fall ist (wenn *Kleśas* gerade wirksam sind)
tad	dessen (der Handlung)
vipāka	Ergebnis / Frucht / die Art, wie auf der Gefühlsebene eine Handlung im Nachhinein bewertet wird / die Wirkung, die eine Handlung hinterlässt
jāti	Art / Qualität / Herkunft
āyuḥ	Dauer, wie lange die Wirkung anhält
bhoga	Erfahrung von Glück, Unglück / Befriedigung, Verdruss usw.

Erläuterung: Der Einfluss tief sitzender störender Neigungen zeigt sich in der Qualität und Wirkung des Handelns sowie darin, wie lange man sich hinterher noch zwanghaft damit auseinander setzt.

2.14

ते ह्लादपरितापफलाः पुण्यापुण्यहेतुत्वात् ॥१४॥

te hlādaparitāpaphalāḥ puṇyāpuṇyahetutvāt

Je nachdem, ob die Handlungen auf Erkenntnis oder einem Irrtum beruhen, wird das Ergebnis glücklich genossen oder bereut.

2.14	*te hlāda-paritāpa-phalāḥ puṇya-apuṇya-hetutvāt*
te	sie
hlāda	genussvoll
paritāpa	bereuend
phala	Frucht / *Vipāka*
puṇya	passend; auf Erkenntnis basierend
apuṇya	falsch; aus einer Verwechslung stammend
hetu	Ursache

Erläuterung: Beruht das Handeln auf einer klaren Wahrnehmung, wird es aufgrund des Ergebnisses auch langfristig angenommen; beruht es jedoch auf einem Irrtum, wird es langfristig bereut.

2.15

परिणामतापसंस्कारदुःखैर्गुणवृत्तिविरोधाच्च
दुःखमेव सर्वं विवेकिनः ॥१५॥

pariṇāmatāpasaṃskāraduḥkhairguṇavṛttivirodhācca
duḥkhameva sarvaṃ vivekinaḥ

Duḥkha [das Leiden] wird ausgelöst durch die Vergänglichkeit, der alles Wahrnehmbare unterliegt, durch die Sehnsucht nach etwas, durch die Abhängigkeit von etwas oder auch einfach durch Konflikte, die innerhalb von uns liegen. Dem empfindsamen Menschen ist die Allgegenwärtigkeit von Leid bewusst.

2.15	*pariṇāma-tāpa-saṃskāra-duḥkhaiḥ guṇa-vṛtti-virodhāt ca duḥkham eva sarvaṃ vivekinaḥ*
pariṇamaduḥkha	Leid, ausgelöst durch Vergänglichkeit
tāpaduḥkha	Leid, ausgelöst durch Sehnsucht
saṃskāraduḥkha	Leid, ausgelöst durch Abhängigkeiten
virodha	Konflikt
guṇavṛtti	Aktivität der *Guṇa* [Grundeigenschaften]: *Rajas* [Bewegung], *Tamas* [Ruhe], *Sattva* [Licht]
sarva	alles / überall / zu allen Zeiten
eva	eben
vivekin	für den Unterscheidungsfähigen

Erläuterung: Der Weise nimmt das Leiden an, denn Leiden wird leicht ausgelöst: durch die Vergänglichkeit von allem – auch von wertvollen, dauerhaften Dingen – dadurch, dass nicht alles zu bekommen ist, was gewünscht wird, und weil der Mensch von gegensätzlichen Kräften bewegt und anzogen wird.

2.16

हेयं दुःखमनागतम् ॥१६॥

heyaṃ duḥkhamanāgatam

Leid, das noch bevorsteht, lässt sich vermeiden.

2.16	*heyaṃ duḥkham anāgatam*
heya	das, was vermieden oder überwunden werden kann, das Vermeidenswerte
duḥkha	Unglück / Leid / Schmerz / Druck
anāgata	noch nicht Aufgetretenes

Erläuterung: Der Weise begegnet dem Leiden, indem er sich bemüht, es vorbeugend zu vermeiden.

2.17

द्रष्टृदृश्ययोः संयोगो हेयहेतुः ॥१७॥

draṣṭṛdṛśyayoḥ saṃyogo heyahetuḥ

Die Ursache des Leidens ist *Saṃyoga*, die Anbindung des sehenden Selbst an das Objekt, das gesehen wird.

2.17	*draṣṭṛ-dṛśyayoḥ saṃyogaḥ heya-hetuḥ*
draṣṭṛ	*Puruṣa* [das sehende Selbst]
dṛśya	Objekt / das Gesehene
saṃyoga	Verbindung / feste Anbindung
hetu	Ursache
heyahetu	Ursache des *Heya* (des Leids / des Vermeidenswerten)

Erläuterung: Es ist die verstrickende Berührung mit einem Objekt, die Leiden auslöst.

2.18

प्रकाशक्रियास्थितिशीलं भूतेन्द्रियात्मकं
भोगापवर्गार्थं दृश्यम् ॥१८॥

prakāśakriyāsthitiśīlaṃ bhūtendriyātmakaṃ bhogāpavargārthaṃ dṛśyam

Objekte haben drei Eigenschaften – Licht, Aktivität und Trägheit. Sie sind grobstofflich (wie die Naturelemente) oder feinstofflich (wie die Sinnesorgane). Sie haben die Wirkung, dass sie uns binden oder befreien.

2.18	*prakāśa-kriyā-sthiti-śīlaṃ bhūta-indriya-ātmakaṃ bhoga-apavarga-arthaṃ dṛśyaṃ*
prakāśa	Licht
kriyā	Aktivität
sthiti	Trägheit
śīla	Charakteristika
bhūta	fünf Elemente
indriya	Wahrnehmungsorgane
ātmaka	Natur
bhoga	Genuss (Anziehung, Bindung)
apavarga	Befreiung / Beendigung / Erfüllung
artha	Zweck
dṛśya	Objekte / alles Wahrnehmbare

Erläuterung: Zu den Objekten, die aus den drei wesentlichen Qualitäten Ausstrahlung, Beweglichkeit und Schwere bestehen und uns ans Leiden fesseln oder vom Leiden befreien können, gehören die konkreten und die abstrakten Objekte dieser Welt, der eigene Körper samt den Sinnen, die eigenen Gefühle und Gedanken und die Wahrnehmung.

2.19

विशेषाविशेषलिङ्गमात्रालिङ्गानि गुणपर्वाणि ॥१९॥

viśeṣāviśeṣaliṅgamātrāliṅgāni guṇaparvāṇi

Objekte lassen sich in vier Kategorien unterteilen: Objekte mit erkennbaren Eigenschaften, subtile Objekte ohne äußerlich erkennbare Eigenschaften, Objekte, die so feinstofflich sind, dass sie nur über Symbole angedeutet werden können; und der Ursprung aller Objekte, die Urmaterie, die nicht einmal durch ein Symbol beschrieben werden kann.

2.19	*viśeṣa-aviśeṣa-liṅgamātra-aliṅgāni guṇa-parvāṇi*
guṇa	Eigenschaft / Erscheinungsform
parvan	Kategorie / Schritt
viśeṣa	erkennbare Eigenschaften
aviśeṣa	keine auffallend erkennbaren Eigenschaften
liṅga	Symbol
liṅgamātra	nur noch mit Symbol deutbar
aliṅga	nicht einmal deutbar (derartig feinstofflich)

Erläuterung: Objekte können leicht durchschaubar oder schwer zu begreifen sein, dann wieder so subtil, dass sie nur noch über Begriffe erfasst werden können oder gar nicht mehr begreifbar sind.

2.20

द्रष्टा दृशिमात्रः शुद्धोऽपि प्रत्ययानुपश्यः ॥ २० ॥

draṣṭā dṛśimātraḥ śuddho'pi pratyayānupaśyaḥ

Der *Draṣṭā* sieht ausschließlich. Er ist standhaft und ohne jegliche Veränderung, kann aber nur aufgrund der über das *Citta* [das meinende Selbst] vermittelten Eindrücke sehen.

2.20	*draṣṭā dṛśi-mātraḥ śuddhaḥ api pratyaya-anupaśyaḥ*
draṣṭā	das sehende Selbst
mātra	nur
dṛśi	das Sehen
śuddha	rein / frei von *Pariṇāma* [Verwandlung] / unvergänglich
api	trotzdem
pratyaya	die tiefen Eindrücke / *Cittavṛtti* [die Aktivitäten *Citta*]
anupaśya	das Sehen basiert auf

Erläuterung: Der unveränderliche, wesentliche Kern des Selbst, das innerste sehende Prinzip, kann nur über die Fühl- und Denkfähigkeit wahrnehmen.

2.21

तदर्थ एव दृश्यस्यात्मा ॥ २१ ॥

tadartha eva dṛśyasyātmā

Der Zweck des Vorhandenseins von Objekten erfüllt sich allein durch das Gesehenwerden durch *Draṣṭā*.

2.21	*tad-artha eva dṛśyasya ātmā*
tad	dessen (*Draṣṭā* – des sehenden Selbst)
artha	Zweck
eva	nur / allein
dṛśyasya	des Gesehenen
ātmā	Sinn / Zweck

Erläuterung: Objekte finden ihre Erfüllung im Wahrgenommenwerden.

2.22

कृतार्थं प्रतिनष्टमप्यनष्टं तदन्यसाधारणत्वात् ॥ २२ ॥

kṛtārthaṃ pratinaṣṭamapyanaṣṭaṃ tadanyasādhāraṇatvāt

Jedes Objekt kann für jeden Sinn haben. Wenn ein Objekt seinen Zweck für jemanden erfüllt hat, verschwindet es nicht. Es bleibt weiterhin für andere bestehen.

2.22	*kṛta-arthaṃ pratinaṣṭaṃ api anaṣṭaṃ tad-anya-sādhāraṇatvāt*
kṛtārtha	abgeschlossenes Thema / ein zu Ende wahrgenommenes Objekt
pratinaṣṭa	verschwindet
api	dennoch
anaṣṭa	nicht verschwunden
tad	das (Thema)
anya	für die anderen
sādhāraṇatva	Allgemeinheit / Gültigkeit

Erläuterung: Nichts in dieser Welt kann als überflüssig oder bedeutungslos betrachtet werden, denn alles kann für irgendjemanden zu irgendeinem Zeitpunkt von Nutzen sein.

2.23

स्वस्वामिशक्त्योस्स्वरूपोपलब्धिहेतुस्संयोगः ॥ २३ ॥

svasvāmiśaktyossvarūpopalabdhihetussaṃyogaḥ

Durch *Saṃyoga* [die Anbindung des sehenden Selbst an das Objekt] entsteht auch die Möglichkeit, dass sich die wirkliche Form *Draṣṭās* [des sehenden Selbst] und *Citta* [des meinenden Selbst] herauskristallisiert.

2.23	*sva-svāmi-śaktyoḥ svarūpa-upalabdhi-hetuḥ saṃyogaḥ*
svaśakti	die eigene Kraft / die offenbare Kraft / *Citta* [das meinende Selbst]
svāmiśakti	die innere Kraft / die machthabende Kraft / *Puruṣa* [das innere Selbst]
svarūpa	wirkliche Form
upalabdhi	erscheinen / hervortreten
hetu	Ursache
saṃyoga	Bindung / feste Anbindung (von *Draṣṭā* und *Dṛśyam* – von sehendem Selbst und Gesehenem)

Erläuterung: Erst durch die Berührung mit der Welt der Objekte kann Klarheit über das eigene Wesen gewonnen werden.

2.24

तस्य हेतुरविद्या ॥ २४ ॥

tasya heturavidyā

Avidyā [die Verwechslung] ist die Triebkraft hinter *Saṃyoga* [der Anbindung des sehenden Selbst an das Objekt].

2.24	*tasya hetuḥ avidyā*
tasya	dessen (*Saṃyoga* – der Anbindung des sehenden Selbst an das Objekt)
hetu	Ursache
avidyā	Irrung / Verwechslung

Erläuterung: Die tief sitzenden Neigungen sind die treibende Kraft hinter allen Verwicklungen, sie können zur Täuschung führen.

2.25

तदभावात्संयोगाभावो हानं तद्दृशेः कैवल्यम् ॥ २५ ॥

tadabhāvātsaṃyogābhāvo hānaṃ taddṛśeḥ kaivalyam

Wenn die Verwechslung zurückgeht, geht auch *Saṃyoga* [die Anbindung des sehenden Selbst an das Objekt] zurück. Dies bedeutet Freiheit von der Verwicklungsmöglichkeit für *Draṣṭā* [das sehende Selbst].

2.25	*tad-abhāvāt saṃyoga-abhāvaḥ hānaṃ tad-dṛśeḥ kaivalyam*
tat	dessen (*Avidyā* – die Verwechslung)
abhāva	Verschwinden
saṃyoga-abhāva	Verschwinden von Bindung
hāna	sich trennen / befreien
dṛśeḥ	des *Draṣṭā* [sehenden Selbst]
kaivalyam	Freiheit / Alleinsein

Erläuterung: Bleiben die zur Täuschung führenden Neigungen inaktiv, wird die Berührung mit den Objekten dieser Welt den wesentlichen Kern des Selbst nicht verschleiern.

2.26

विवेकख्यातिरविप्लवा हानोपायः ॥ २६ ॥

vivekakhyātiraviplavā hānopāyaḥ

Der direkte Weg zu diesem Ziel ist das Auseinanderhalten, das differenzierte Erkennen der Objekte (im Gegensatz zu Verwechslung).

2.26	*viveka-khyātiḥ aviplavā hāna-upāyaḥ*
khyāti	Erkenntnis
viveka	Differenzierung (z.B. *Draṣṭā* von *Citta*)
a-viplavā	nicht richtungslos
upāya	Mittel
hānopāya	Mittel zum Ziel

Erläuterung: Das achtsame Unterscheiden zwischen Sein und Schein ist das direkte Mittel, um tiefe Erkenntnisse zu erlangen.

2.27

तस्य सप्तधा प्रान्तभूमिः प्रज्ञा ॥ २७ ॥

tasya saptadhā prāntabhūmiḥ prajñā

Dieser Weg der Erkenntnis hat sieben Stufen.

2.27	*tasya saptadhā prānta-bhūmiḥ prajñā*
tasya	vom (Weg)
saptadhā	siebenfach
bhūmi	Erde, Stufen
prāntabhūmi	Pfad mit Stufen
prajñā	die vollkommene Erkenntnis

Erläuterung: Die vollkommene Erkenntnis kommt allmählich in sieben Schritten.

2.28

योगाङ्गानुष्ठानादशुद्धिक्षये ज्ञानदीप्तिराविवेकख्यातेः ॥ २८ ॥

yogāṅgānuṣṭhānādaśuddhikṣaye jñānadīptirāvivekakhyāteḥ

Durch den Übungsweg des Yoga gehen die verschleiernden Unreinheiten im *Citta* [meinenden Selbst] zurück, so dass Weisheit durchscheint und differenzierende Erkenntnisse entstehen.

2.28	*yoga-aṅga-anuṣṭhānāt aśuddhi-kṣaye jñāna-dīptiḥ āvivekakhyāteḥ*
yogāṅga	die Glieder des Yoga
anuṣṭhāna	Übung / Umsetzung / Praxis
aśuddhi	Unreinheit / *Avidyā* [die Verwechslung]
kṣaya	reduzieren
jñāna	Weisheit
dīpti	leuchten
ā	endlos
vivekakhyāteḥ	aus dem differenzierenden Wahrnehmen

Erläuterung: Der Übungsweg des Yoga reinigt den Geist und schenkt Unterscheidungsfähigkeit zwischen Schein und Wirklichkeit.

2.29

यमनियमासनप्राणायामप्रत्याहारधारणाध्यान-
समाधयोऽष्टावङ्गानि ॥ २९ ॥

yamaniyamāsanaprāṇāyāmapratyāhāradhāraṇādhyānasamādhayo'ṣṭāvaṅgāni

Die acht Glieder sind: die Disziplinen im zwischenmenschlichen Verhalten, die Regeln des Alltagsverhaltens, Körperhaltung, Regulierung des Atems, Sinnesanbindung ans Innere, die anhaltende Ausrichtung der Gedanken, das stille Reflektieren und die vollkommene Erkenntnis.

2.29	*yama-niyama-āsana-prāṇāyāma-pratyāhāra-dhāraṇā-dhyāna-samādhayaḥ aṣṭau aṅgāni*
yama	die Beherrschungen, die Disziplinen im zwischenmenschlichen Verhalten
niyama	die Regeln des Alltagsverhaltens
āsana	Körperhaltung
prāṇāyāma	Regulieren des Atems / *Prāṇa*
pratyāhāra	Sinnesanbindung ans Innere / Zurückziehen der Sinne
dhāraṇā	die anhaltende Ausrichtung / Konzentration
dhyāna	das stille Reflektieren
samādhi	die vollkommene Erkenntnis
aṣṭa	acht
aṅga	Glied

Erläuterung: Die acht Teile des Yogaübungsweges werden aus dem Verhalten gegenüber anderen Menschen, sich selbst, dem eigenen Körper, dem Atem und den Sinnen sowie dem Üben der Konzentration in drei Schritten gebildet.

2.30

अहिंसासत्यास्तेयब्रह्मचर्यापरिग्रहाः यमाः ॥ ३० ॥

ahiṃsāsatyāsteyabrahmacaryāparigrahāḥ yamāḥ

Yama [die Disziplinen im zwischenmenschlichen Verhalten] umfassen Gewaltlosigkeit, Wahrhaftigkeit, Nicht-Stehlen, Handeln im Bewusstsein des *Brahma* [der Allseele] und Anspruchslosigkeit.

2.30	*ahiṃsā-satya-asteya-brahmacarya-aparigrahāḥ yamāḥ*
ahiṃsā	nicht verletzen
satya	die Wahrheit sagen
asteya	nicht stehlen
brahmacarya	im Bewusstsein des *Brahma* [der Allseele] handeln
aparigraha	nicht nehmen / nicht horten / Anspruchslosigkeit
yamāḥ	die Beherrschungen, die Disziplinen im zwischenmenschlichen Verhalten

Erläuterung: Sich nicht aggressiv verhalten, ehrlich sein, das Recht anderer nicht verletzen, den Leitfaden des eigenen Übungsweges nicht aus den Augen verlieren und materiell nicht anspruchsvoll sein – das sind fünf wichtige Verhaltensregeln gegenüber anderen für Yogaübende.

2.31

जातिदेशकालसमयानवच्छिन्नास्सार्वभौमा महाव्रतम् ॥ ३१ ॥

jātideśakālasamayānavacchinnāssārvabhaumā mahāvratam

Meisterschaft darin entsteht, wenn wir uns unbeeinflusst von Herkunft, dem Ort, dem Zeitpunkt oder der Situation, in der wir sind, an diese Regeln halten.

2.31	*jāti-deśa-kāla-samaya-anavacchinnāḥ sārva-bhaumāḥ mahā-vratam*
jāti	Herkunft
deśa	Ort
kāla	Zeit
samaya	Situation
anavacchinna	nicht unterbrochen
sārva	in allen
bhaumāḥ	Ebenen
mahā	große
vrata	Tugend / Ritual

Erläuterung: Verhält sich der Yogaübende konträr zum eigenen Ideal, kann das an seinem Naturell, dem Zeitpunkt, der Örtlichkeit oder der Situation liegen.

2.32

शौचसंतोषतपस्स्वाध्यायेश्वरप्रणिधानानि नियमाः ॥ ३२ ॥

śaucasantoṣatapassvādhyāyeśvarapraṇidhānāni niyamāḥ

Niyama [die Regeln des Alltagsverhaltens] umfassen Reinheit, Zufriedenheit, Selbstdisziplin, Selbststudium und Hingabe.

2.32	*śauca-santoṣa-tapaḥ-svādhyāya-īśvarapraṇidhānāni niyamāḥ*
śauca	Reinheit / Sauberkeit / Entschlackung
santoṣa	Zufriedenheit / Fähigkeit, sich zu freuen
tapas	Selbstdisziplin / Leidenschaft
svādhyāya	Selbststudium / Lernen – für die spirituelle Entwicklung
īśvarapraṇidhāna	Hingabe, Ehrfurcht
niyamāḥ	die Regeln des Alltagsverhaltens

Erläuterung: Nicht unrein werden, sich stets zufrieden zeigen, diszipliniert sein, an der eigenen geistigen Entwicklung interessiert bleiben und hingabefähig sein – das sind fünf wichtige Verhaltensregeln gegenüber sich selbst.

2.33

वितर्कबाधने प्रतिपक्षभावनम् ॥ ३३ ॥

vitarkabādhane pratipakṣabhāvanam

Unsicherheit in Bezug auf die Umsetzung der Verhaltensregeln von *Yama* [den Disziplinen im zwischenmenschlichen Verhalten] oder *Niyama* [den Regeln des Alltagsverhaltens] lässt sich durch *Bhāvana* [die intensive Einstellung] auf das Gegenteil von dem, was wir für richtig halten, lösen (*Bhāvana* auf die Gegenposition).

2.33	*vitarka-bādhane pratipakṣa-bhāvanam*
vitarka	Zweifel, Fragen
bādhana	Betroffenheit
pakṣa	Flügel
pratipakṣa	der andere Flügel / die Gegenposition
bhāvana	die geistige Verschmelzung mit einer Einstellung / intensive Einstellung

Erläuterung: Nur durch intensives, gefühltes Sich-Hineinversetzen in die Empfindungen eines anderen ist es möglich, die Unsicherheit bezüglich des eigenen Verhaltens zu klären.

2.34

वितर्का हिंसादयः कृतकारितानुमोदिता लोभक्रोधमोहपूर्वका मृदुमध्याधिमात्रा दुःखाज्ञानानन्तफला इति प्रतिपक्षभावनम्॥ ३४ ॥

vitarkā hiṃsādayaḥ kṛtakāritānumoditā lobhakrodhamohapūrvakā mṛdumadhyādhimātrā duḥkhājñānānantaphalā iti pratipakṣabhāvanam

Sich intensiv auf das Gegenteil einstellen bedeutet, dass wir unsere bevorstehende Tat hinterfragen: Zieht sie mich in Richtung Verletzen, Lügen, Verunreinigung, Unzufriedenheit usw.? Wenn ich nicht direkt Täter bin, bin ich vielleicht der Veranlasser der Tat oder der freudige Zuschauer? Hat die Tat Gier, Wut oder Unklarheit als Motivation? Ist sie mild, mäßig oder intensiv? Wird sie endlose Folgen (Leid, Verwirrung, Angst usw.) mit sich bringen?

2.34	*vitarkā hiṃsādayaḥ kṛta-kārita-anumoditāḥ lobha-krodha-moha pūrvakāḥ mṛdu-madhya-adhimātrāḥ duḥkha-ajñāna-ananta-phalāḥ iti pratipakṣa-bhāvanam*
vitarkā	Zweifel, Fragen
hiṃsādayaḥ	verletzen usw. (die fünf *Yamas* und die fünf *Niyamas*)
kṛta	Täter
kāritā	Veranlasser der Tat
anumoditā	Befürworter der Tat
lobha	Gier
krodha	Wut
moha	Verblendung
pūrvaka	zugrunde liegend
mṛdu	sanft
madhya	mäßig
adhimātrā	intensiv
duḥkha	Leid
ajñāna	Unwissenheit / Unklarheit
ananta	endlose
phalāḥ	Früchte / Ergebnisse
iti	so
pratipakṣa	der andere Flügel / die Gegenposition
bhāvana	die geistige Verschmelzung mit einer Einstellung / intensive Einstellung

Erläuterung: Sich in die Empfindungen eines anderen hineinzuversetzen bedeutet, den eigenen Standpunkt hinsichtlich der Verhaltensvorsätze zu hinterfragen: Wenn nicht Täter, ist man Mittäter oder schaut schadenfroh zu! Welche Emotionen geben den Impuls für die eigene Handlung? Entsprechen die absehbaren Ergebnisse den eigenen Wünschen?

2.35

अहिंसाप्रतिष्ठायां तत्सन्निधौ वैरत्यागः ॥ ३५ ॥

ahiṃsāpratiṣṭhāyāṃ tatsannidhau vairatyāgaḥ

In der Nähe eines Menschen, der Meisterschaft in *Ahiṃsā* [Gewaltlosigkeit] erlangt hat, wird Feindseligkeit nicht gedeihen.

2.35	*ahiṃsā-pratiṣṭhāyāṃ tat-sannidhau vaira-tyāgaḥ*
ahiṃsā	nicht verletzen / Gewaltlosigkeit
pratiṣṭhā	steht sehr stabil
tat	dessen
sannidhi	Nähe
vaira	Feindseligkeit
tyāga	aufgeben / lassen

Erläuterung: Um denjenigen, der in aller Konsequenz Aggressivität vermeidet, bildet sich eine Insel der Friedfertigkeit.

2.36

सत्यप्रतिष्ठायां क्रियाफलाश्रयत्वम् ॥ ३६ ॥

satyapratiṣṭhāyāṃ kriyāphalāśrayatvam

Bei den Menschen, die *Satya* [Wahrhaftigkeit] gemeistert haben, gehen die eigenen Aussagen und Handlungen stets in Erfüllung.

2.36	*satya-pratiṣṭhāyāṃ kriyā-phala-āśrayatvam*
satya	die Wahrheit sagen
pratiṣṭhā	steht stabil
kriyā	Handlung (Aussage)
phala	Ergebnis / Früchte
āśraya	Heimat / Stütze

Erläuterung: Wer stets ehrlich in seinen Äußerungen ist, wird auch die richtigen Entscheidungen für sein eigenes Handeln finden.

2.37

अस्तेयप्रतिष्ठायां सर्वरत्नोपस्थानम् ॥ ३७ ॥

asteyapratiṣṭhāyāṃ sarvaratnopasthānam

Alle Kostbarkeiten werden dem zuteil, der in *Asteya* [im Nicht-Stehlen] verwurzelt ist.

2.37	*asteya-pratiṣṭhāyāṃ sarva-ratna-upasthānam*
asteya	Nicht-Stehlen
pratiṣṭhā	steht stabil / verwurzelt
sarva	alle
ratna	Juwel
upa	nahe
sthāna	Platz

Erläuterung: Wer die Rechte anderer Menschen nie verletzt, wird reichlich belohnt.

2.38

ब्रह्मचर्यप्रतिष्ठायां वीर्यलाभः ॥ ३८ ॥

brahmacaryapratiṣṭhāyāṃ vīryalābhaḥ

Derjenige, der im Bewusstsein des *Brahma* [der Allseele] handelt, gewinnt große Energie.

2.38	*brahmacarya-pratiṣṭhāyāṃ vīrya-lābhaḥ*
brahma	das kosmisch Unendliche, Nichtendende / die Allseele
brahmacarya	sich in *Brahma* Bewegender / im Bewusstsein des *Brahma* [der Allseele] handeln
pratiṣṭhā	steht stabil, verwurzelt
vīrya	Energie / Ausgerichtetheit
lābha	Gewinn

Erläuterung: Wird die eigene emotionale Empfindlichkeit betrachtet, ohne den Bzug zum gewählten Übungsweg zu verlieren, weckt das große Kräfte.

2.39

अपरिग्रहस्थैर्ये जन्मकथंतासंबोधः ॥ ३९ ॥

aparigrahasthairye janmakathaṃtāsaṃbodhaḥ

Wer stabil in der Umsetzung von *Aparigraha* [Anspruchslosigkeit] ist, erfährt alles über seine Vergangenheit und seine vergangenen Leben.

2.39	*aparigraha-sthairye janma-kathaṃtā-saṃbodhaḥ*
aparigraha	nicht nehmen / nicht horten / Anspruchslosigkeit
sthairya	Stabilität
janma	Geburt / Persönlichkeit / Wesen
kathaṃ	woher / wie
saṃbodha	klares Wissen

Erläuterung: Wer sich konsequent der Anhäufung von Besitz jeglicher Art widersetzt, bleibt sich selbst treu.

2.40

शौचात् स्वाङ्गजुगुप्सा परैरसंसर्गः ॥ ४० ॥

śaucāt svāṅgajugupsā parairasaṃsargaḥ

Reinigung führt im Verhältnis zum eigenen Körper zu einem Abstand und zur Unberührtheit von anderen Menschen und äußeren Dingen.

2.40	*śaucāt svāṅga-jugupsā paraiḥ-asaṃsargaḥ*
śauca	Reinheit / Beseitigung von Schlacke
sva-aṅga	eigene Glieder
jugupsā	Abwendung / Abstand
paraiḥ	von anderen / von außen / von äußerlichen (Wesen)
asaṃsarga	Kontaktlosigkeit / Unberührtheit / Unbeeinflusstheit

Erläuterung: Am Leib, in den Gedanken und in der Sprache nie unrein zu werden, lehrt großen Abstand.

2.41

सत्त्वशुद्धिसौमनस्यैकाग्र्येन्द्रियजयात्मदर्शनयोग्यत्वानि च ॥ ४१ ॥

sattvaśuddhisaumanasyaikāgryendriyajayātmadarśanayogyatvāni ca

Auch die Klärung des *Citta* [des meinenden Selbst] und die Fähigkeit zum positiven Denken, zur Ausgerichtetheit, zur Kontrolle über die Sinne und zur Wahrnehmung des Inneren gehen aus der Reinigung hervor.

2.41	*sattva-śuddhi-saumanasya-ekāgrya-indriya-jaya-ātma-darśana-yogyatvāni ca*
sattva	*Citta* [das meinende Selbst]
śuddhi	Reinigung / Klärung
saumanas	positives Denken (*Manas*) / Optimismus
ekāgrya	Ausgerichtetheit
indriya	Sinne
jaya	Beherrschung
ātma	*Draṣṭā* [das sehende Selbst]
ātmadarśana	Sehen / Wahrnehmen des Inneren
yogyatva	Fähigkeit
ca	und

Erläuterung: Am Leib, in den Gedanken und in der Sprache nie unrein zu werden läutert den Geist, entfaltet Optimismus, unterstützt die Konzentration und Willenskraft und führt zu Selbsterkenntnis.

2.42

संतोषादनुत्तमस्सुखलाभः ॥ ४२ ॥

santoṣādanuttamassukhalābhaḥ

Aus Zufriedenheit geht unvergleichliches Glück hervor.

2.42	*santoṣāt anuttamaḥ sukha-lābhaḥ*
santoṣa	Zufriedenheit / Dankbarkeit / Fröhlichkeit
anuttama	unvergleichbar
sukha	Glück
lābha	Gewinn

Erläuterung: Konsequent zufrieden bleiben bringt grenzenloses Glück.

2.43

कायेन्द्रियसिद्धिरशुद्धिक्षयात् तपसः ॥ ४३ ॥

kāyendriyasiddhiraśuddhikṣayāt tapasaḥ

Durch Selbstdisziplin und das Reduzieren von Unreinheiten entfalten sich der Körper und die Sinne zu ihrer Vollkommenheit.

2.43	*kāya-indriya-siddhiḥ aśuddhi-kṣayāt tapasaḥ*
tapasaḥ	durch Disziplin
aśuddhi	Trübnis / Unreinheit
kṣayā	reduzieren
siddhi	Vollkommenheit
kāya	Körper
indriya	Sinne

Erläuterung: Die Wachheit des Körpers und der Sinne gehen aus einem disziplinierten Lebensstil hervor.

2.44

स्वाध्यायादिष्टदेवतासंप्रयोगः ॥ ४४ ॥

svādhyāyādiṣṭadevatāsaṃprayogaḥ

Das Selbststudium führt zu einer Verbindung mit Bildern oder Themen, die uns auf den spirituellen Weg lenken können.

2.44	*svādhyāyāt iṣṭa-devatā-saṃprayogaḥ*
svādhyāyāt	aus dem Selbststudium / Lernen – für die spirituelle Entwicklung
iṣṭa	ersehnte
devatā	Gottheit / das Symbol, das uns auf spirituelle Gedanken bringt
saṃprayoga	Verbindung

Erläuterung: Wer sich fortwährend bemüht, das Leben zu verstehen, wird auch die eigene Aufgabe im Leben verstehen.

2.45

समाधिसिद्धिरीश्वरप्रणिधानात् ॥ ४५ ॥

samādhisiddhirīśvarapraṇidhānāt

Hingabe an das Göttliche führt zu *Samādhi* [der vollkommenen Erkenntnis].

2.45	*samādhi-siddhiḥ īśvarapraṇidhānāt*
samādhi	die vollkommene Erkenntnis
siddhi	die Erfüllung / die vollkommene Entfaltung
īśvarapraṇidhāna	*Bhakti* / Gotteshingabe

Erläuterung: Die tiefsten Erkenntnisse im Leben entstammen der Fähigkeit zur Hingabe.

2.46

स्थिरसुखमासनम् ॥ ४६ ॥

sthirasukhamāsanam

Die ideale Haltung ist stabil und leicht zugleich.

2.46	*sthira-sukham āsanam*
sthira	stabil / fest
sukha	angenehm / leicht / das Wohlgefühl fördernd
āsana	Haltung

Erläuterung: Das Wohlbefinden ist bei kraftvoller, jedoch entspannter Körperhaltung am größten.

2.47

प्रयत्नशैथिल्यानन्तसमापत्तिभ्याम् ॥ ४७ ॥

prayatnaśaithilyānantasamāpattibhyām

Eine immer leichter werdende und intensive Bemühung sowie die tiefgründige Sammlung auf das Grenzenlose helfen uns, diese Haltung zu erreichen.

2.47	*prayatna-śaithilya-ananta-samāpattibhyām*
prayatna	intensive Mühe
śaithilya	locker / entspannt / gelöst
ananta	endlos / grenzenlos
samāpatti	tiefes Zusammenkommen / intensive Begegnung
-ābhyāṃ	aus den beiden

Erläuterung: Gute Haltung entsteht aus kraftvollem aber unverkrampftem Üben mit dem Körper, während der Geist in meditativer Konzentration weilt.

2.48

ततो द्वन्द्वानभिघातः ॥ ४८ ॥

tato dvandvānabhighātaḥ

Dadurch entsteht Widerstandsfähigkeit gegenüber der Wirkung von extremen Einflüssen.

2.48	*tataḥ dvandva-anabhighātaḥ*
tataḥ	danach / daraus
dvandva	zwei zusammengehörende, aber gegensätzliche Prinzipien (wie Schmerz und Glück)
an	nicht
abhighāta	völlig geschlagen sein

Erläuterung: Gute Körperhaltung schenkt Widerstandsfähigkeit.

2.49

तस्मिनसति श्वासप्रश्वासयोर्गतिविच्छेदः प्राणायामः ॥ ४९ ॥

tasminsati śvāsapraśvāsayorgativicchedaḥ prāṇāyāmaḥ

Wenn der Fluss des üblichen Atems – unter der Voraussetzung einer guten Körperhaltung – ausgedehnt wird, dann ist das *Prāṇāyāma*, die Atemtechnik des Yoga.

2.49	*tasmin sati śvāsa-praśvāsayoḥ gati-vicchedaḥ prāṇāyāmaḥ*
tasmin sati	unter dieser Voraussetzung
śvāsapraśvāsa	die Atmung / die unruhige Atmung
gati	Bewegung
viccheda	brechen / teilen / besondere Unterbrechung, die »Ausdehnung« meint
prāna	das Atemprinzip / die Lebenskraft hinter der Atmung
āyāma	dehnen
prāṇāyāma	die Atemtechnik des Yoga

Erläuterung: Der Atem ist ausgewogen, wenn er gemächlich, jedoch ohne zu stocken fließt.

2.50

बाह्याभ्यन्तरस्थम्भवृत्तिर्देशकालसन्ख्याभिः परिदृष्टो दीर्घसूक्ष्मः ॥ ५० ॥

bāhyābhyantarasthambhavṛttirdeśakālasaṃkhyābhiḥ paridṛṣṭo dīrghasūkṣmaḥ

Prāṇāyāma [die Atemtechnik] wird geübt mit umsichtigem Einfühlen in die Ausatmung, die Einatmung und das Anhalten, die Körpergegend, in der sich die Atmung abspielt, die Länge jeder Atemphase und in die Anzahl der Atemzüge. Dabei wird der Atem lang und zugleich sanft geführt.

2.50	*bāhya-ābhyantara-sthambha-vṛttiḥ deśa-kāla-saṃkhyābhiḥ paridṛṣṭaḥ dīrgha-sūkṣmaḥ*
bāhyavṛtti	äußere Tätigkeit / Ausatmung
ābhyantaravṛtti	innere Tätigkeit / Einatmung
sthambhavṛtti	starre Tätigkeit / das Anhalten
deśa	Ort / Technik (des Atems) / Thema (der Konzentration)
kāla	Länge von Ausatmung, Einatmung und Anhalten
saṃkhyā	Anzahl (der Atemzüge)
paridṛṣṭa	genau geprüft
dīrgha	lang
sūkṣma	subtil / sanft / frei von Verspannung

Erläuterung: Ein langer, sanfter Atemfluss entsteht durch gefühlvolles Verlängern der Ausatmung, der Einatmung und der Atempausen im Verlauf mehrerer Atemzüge, während die Aufmerksamkeit auf einen Punkt gerichtet ist.

2.51

बाह्याभ्यन्तरविषयाक्षेपी चतुर्थः ॥५१॥

bāhyābhyantaraviṣayākṣepī caturthaḥ

Bei der vierten Art von *Prāṇāyāma* [Atemtechnik] sind Aus- und Einatmung und das Anhalten kein Thema mehr, sie geschehen von allein.

2.51	*bāhya-ābhyantara-viṣaya-ākṣepī caturthaḥ*
bāhya-viṣaya	äußeres Thema
ābhyantara-viṣaya	inneres Thema
ākṣepī	hinausgeworfen / ausgeklammert
caturtha	das Vierte

Erläuterung: Dem in sich gekehrten, ruhigen Geist entspricht der stille Atem, das Auf und Ab der Atemzüge ist nicht mehr spürbar.

2.52

ततः क्षीयते प्रकाशावरणम् ॥५२॥

tataḥ kṣīyate prakāśāvaraṇam

Dadurch wird der Schleier um *Draṣṭā* [das sehende Selbst] durchsichtig, und das innere Licht kommt zum Vorschein.

2.52	*tataḥ kṣīyate prakāśa-āvaraṇam*
tataḥ	deshalb / daraus
kṣīyate	reduziert sich / baut ab
āvaraṇa	Hülle / Vorhang
prakāśa	Licht

Erläuterung: Der stille Atem verringert die Trübung des Fühlens und Denkens.

2.53

धारणासु च योग्यता मनसः ॥ ५३॥

dhāraṇāsu ca yogyatā manasaḥ

Und der Geist wird fähig zu *Dhāraṇā* [anhaltender Ausrichtung].

2.53	*dhāraṇāsu ca yogyatā manasaḥ*
dhāraṇāsu	in *Dhāraṇā* [die anhaltende Ausrichtung]
yogyatā	Fähigkeit / Kompetenz
manasaḥ	des Geistes
ca	und

Erläuterung: Der stille Atem befähigt zur Meditation.

2.54

स्वविषयासंप्रयोगे चित्तस्य स्वरूपानुकारेवेन्द्रियाणां
प्रत्याहारः ॥५४॥

svaviṣayāsaṃprayoge Cittaya svarūpānukārevendriyāṇāṃ pratyāhāraḥ

Pratyāhāra, die Orientierung der Sinne nach innen, besteht, wenn sich die Sinne nicht in der gewohnten Weise mit äußeren Objekten verbinden und deren Form präsentieren, sondern sich der Form annähern, die der Aufgabe von *Citta* [dem meinenden Selbst] entspricht.

2.54	*svaviṣaya-asaṃprayoge Cittaya svarūpa-anukāra iva indriyāṇāṃ pratyāhāraḥ*
sva	eigene
svaviṣaya	eigene / übliche Objekte
saṃprayoga	Zusammenkunft
asaṃprayoge	nicht zusammenkommen
Cittaya	von *Citta* [dem meinenden Selbst]
svarūpa	eigene Form
anukāra	annehmen / übernehmen
iva	als ob
indriyāṇāṃ	von *Indriyas* [Wahrnehmungsorganen]
pratyāhāra	Sinnesanbindung ans Innere / Zurückziehen der Sinne

Erläuterung: Wenn die Sinne nicht allzu leicht von äußeren Objekten gelenkt werden, werden sie gereinigt und das Innenleben gewinnt an Kraft.

2.55

ततः परमावश्यतेन्द्रियाणाम् ॥ ५५ ॥

tataḥ paramāvaśyatendriyāṇām

So kommen die Sinne unter den größten Bann.

2.55	*tataḥ paramā vaśyatā indriyāṇām*
tataḥ	daraus
paramā	größte
vaśyatā	Bann / Kontrolle
indriyāṇām	von *Indriyas* [Wahrnehmungsorganen]

Erläuterung: Durch die Stärkung des Innenlebens öffnen sich die Sinne für tieferes Wahrnehmen.

विभूतिपादः

Vibhūti-Pāda

Die ungewöhnlichen Ergebnisse

Zusammenfassung des 3. Kapitels

Das zweite Kapitel beschrieb Verflechtungen unseres Denkens, die unser Tun beeinflussen, und schlug konkrete Ideen für Übungen vor, die uns vom Einfluss dieser Verflechtungen befreien können. Es wurden acht Übungsglieder aufgeführt, von denen aber nur fünf näher erklärt wurden. Die letzten drei Übungsglieder werden zu Beginn des dritten Kapitels erläutert, weil sie ein sehr subtiles Üben verlangen. Die Ausführung der Übungen selbst setzt bereits große Fertigkeiten beim Übenden voraus, der in der Lage sein muss, passiv innehaltend und aktiv aufmerksam vorzugehen. Kein Wunder also, dass dieses dritte Kapitel *Vibhūti-Pāda* heißt, der Abschnitt über besondere Fähigkeiten. Es ist nicht möglich, sich den letzten drei Übungsgliedern zu widmen, wenn die Grundlagen fehlen, die die ersten fünf Übungsglieder aufbauen. Wo Disziplin fehlt, der Atem unkontrolliert ist oder die Sinne zerstreut sind, wird es keine Aussicht auf Erfolg mit diesem Übungsteil, genannt *Saṃyama*, geben.

Was ist *Saṃyama*? (1–8)

Saṃyama (die Versenkung) besteht aus den letzten drei Übungsgliedern *Dhāranā* (anhaltende Ausrichtung), *Dhyāna* (stilles Reflektieren) und *Samādhi* (vollkommene Erkenntnis). Im Yoga geht es immer wieder darum, das *Citta*, das heißt die Gedanken und alles um sie herum – Gefühle, Erinnerungen, Imagination, Wissen usw. –, auf ein und dasselbe Thema zu lenken. Das haben wir schon beim Übungsglied *Āsana* kennen gelernt, bei dem es darum geht, konzentriert zu sein und dabei die Gedanken auf etwas sehr Subtiles und Unaufhörliches wie den Atem auszurichten. Auch bei *Prāṇāyāma* ist es wichtig, dass die Konzentration auf ein Thema, einen Punkt oder ein Objekt gerichtet bleibt.

Bei *Dhāranā* (anhaltende Ausrichtung) besteht die gesamte Übung nur aus dieser Konzentration. Es wird keine weitere Bemühung verlangt, als das *Citta* an ein Thema gebunden zu halten. Das ist aber viel schwieriger, als die Gedanken auf ein Thema zu konzentrieren, während parallel dazu Übungen mit dem Körper oder dem Atem ausgeführt werden. Hiermit wird deutlich, warum die Übungsglieder wie *Āsana* oder *Prāṇāyāma* wichtige Vorbereitungen sind.

Dhyāna (stilles Reflektieren) ist eine Steigerung dieser gleichen Übung, die sich mit der Zeit ergibt. Nicht nur die Aufmerksamkeit ist gesammelt auf ein Thema, sondern die Verbindung zwischen dem Meditierenden und seinem Thema bekommt Lebendigkeit, so dass die Wahrnehmung und die Erkenntnis sich von Augenblick zu Augenblick neu zu erschaffen scheinen.

Samādhi ist die Vervollkommnung dieser Übung, die sich auch mit der Zeit ergibt. Der einheitliche Fluss der Wahrnehmung führt allmählich dazu, dass sämtliche Eindrücke in den Schatten dieses Themas geraten und nur noch das Thema hervortritt. Im Glanz dieses Themas scheinen sogar die selbstbezogenen Gedanken zu verschwinden.

Saṃyama (die Versenkung), die sich aus diesen drei Übungsgliedern zusammensetzt, darf nicht missverstanden oder gering geschätzt werden. Die Übung besteht nicht darin, die Zerstreuung der Gedanken zu unterdrücken, sondern die Konzentration der Gedanken zu ermöglichen. Der Übende wird nicht eng in seiner Wahrnehmung, da hier die Gedanken lediglich auf ein Thema ausgerichtet sind. Im Gegenteil. Aus der genauen Erkenntnis über das Eine kommt die genaue Erkenntnis aller Dinge. Allerdings ist es wichtig, dass die Übung passend angewendet und *Saṃyama* schrittweise angestrebt wird.

Woran kann ich erkennen, ob ich vorbereitet bin für die Übung von *Saṃyama*? (9–14)

Das Üben der Yogaglieder kann einen Wandel in unserem *Citta* vollbringen. Das *Yogasūtra* nennt drei Stadien dieses Wandels. Der Wandel wird sich allmählich vollziehen und anfällig für Rückfälle in alte Zustände sein. Aber vielleicht wird die Erholung von einem solchen Rückfall, d. h. die Wiedergewinnung eines inzwischen schon bekannten guten Zustandes, etwas leichter sein als das erstmalige Erarbeiten dieses Zustandes. Was sind diese Stadien?

Manchmal neigt *Citta* dazu, träge und unbeteiligt zu sein, wenn die Aufforderung zur Konzentration erfolgt. Im günstigeren Fall ist es immer wieder wach, aber dabei so erregt, dass eine ruhige Ausrichtung der Gedanken nicht möglich ist. Das erste Stadium des positiven Wandels nennt sich *Nirodha-Pariṇāma* (der Wandel, der durch Sammlung gekennzeichnet ist). Die Tätigkeiten des *Citta* bleiben eine Weile sehr genau auf ein Thema konzentriert, können jedoch bei Themenwechsel wieder in große Erregung und Sprunghaftigkeit zurückfallen. Das lässt sich anhand des Beispiels eines Menschen verstehen, der für eine Stunde mit großer Sorgfalt und Aufmerksamkeit Musik übt und gleich nach Beendigung dieser Übungsstunde völlig erregt und unruhig wird. Ein Fluss der Konzentration, die nachhaltig wirkt, kann nur durch stetiges Üben erlangt werden.

Das zweite Stadium des Wandels nennt sich *Samādhi-Pariṇāma*. Erst in diesem Stadium können die tiefen Erkenntnisse des *Samādhi* gewonnen werden. Auch hier bleiben die Tätigkeiten des *Citta* für eine längere Zeit sehr genau konzentriert auf ein Thema, und die geistige Stimmung ist ruhig. Dieses Gleichgewicht in der Stimmung bleibt jedoch nur erhalten, wenn das Thema immer wieder gewechselt wird. Der Klang des Instruments hält die Aufmerksamkeit des Musikübenden für einige Zeit gebannt, doch braucht er Ablenkung, indem er sich in andere Themen vertieft, um sich mit frischer Aufmerksamkeit dem Klang zu widmen.

Das dritte Stadium des Wandels ist *Ekāgratā-Pariṇāma*, der Wandel, der durch vollkommene Versenkung gekennzeichnet ist. Hier bleiben die Tätigkeiten des *Citta* kontinuierlich in großer Konzentration mit demselben Thema verbunden. Das Gleichgewicht bleibt erhalten, auch wenn das Thema wechselt, denn hinter allen Themen verbirgt sich das Eine; die Wahrnehmung erkennt keinen Bruch. Nicht nur beim Üben ist der Musiker auf den Klang des Instruments konzentriert. Auch wenn er nicht mehr übt, bleibt er mit dem Klang verbunden, er vernimmt ihn in allen Wahrnehmungen.

Bei allen Wandlungen ist es wichtig zu erkennen, dass hier nichts Neues entsteht. Das, was durch den Wandel zum Vorschein gekommen ist, lag verdeckt, und das, was jetzt erscheint, kann erneut verdeckt werden. Das bedeutet, dass die Qualitäten, die die Tätigkeiten des *Citta* annehmen können, alle in ihm selbst begründet sind. Es liegt an unserem geschickten Vorgehen, ihm die für uns wünschenswerten Qualitäten zu entlocken. Dabei ist es wichtig zu bedenken, dass der Wandel nicht eilig herbeigeführt werden kann. Es müssen die dazu passenden Schritte so geformt werden, dass der Wandel unweigerlich entstehen kann. Diese Wandlungsfähigkeit des Geistes entspricht der Wandlungsmöglichkeit, die auch für materielle Dinge besteht.

Wie gehen wir mit den Themen für *Saṃyama* um? (15)

Eine Vielzahl von Themen, die für *Saṃyama* in Frage kommen, werden im *Yogasūtra* vorgestellt. Es wird kaum möglich sein, sie alle in die Übung zu integrieren. Es ist sowieso Ziel, dass es bei einem Thema bleibt. Die große Auswahl der Themen berücksichtigt, dass es Menschen mit unterschiedlichen Voraussetzungen und Zuneigungen gibt und nicht jedes Thema zu allen passt.

Die Versenkung in das gewählte Thema soll nicht nur im stillen Sitzen mit geschlossenen Augen geschehen. *Saṃyama* zu üben bedeutet, das Thema nicht aus den Augen zu verlieren. Auch im täglichen Leben und in der Übung von *Āsanam* und *Prāṇāyāma* sollte die Verbundenheit mit dem Thema konstant bewahrt werden.

Das ist wichtig, einerseits, um uns dem Thema zu nähern, andererseits, um zu prüfen, ob unsere Erfahrungen für die Lebensrealität eine Bedeutung haben.

Ein Thema als Beispiel (30)

Yogasūtra 30 besagt, dass Hunger und Durst durch *Saṃyama* in die Halsgrube zum Stillstand kommen. Wir können uns vorstellen, wie sehr eine gute Sängerin ihre Stimme schont. Sie wird sich große Mühe geben, nichts zu essen oder zu trinken, das ihrer Stimme schaden könnte, sie wird ihren Hals vor kaltem Luftzug schützen, nicht unnötig reden, immer für ausreichende Feuchtigkeit im Halsbereich sorgen und so weiter. Sie wird den ganzen Tag mit ihren Gedanken bei der Pflege ihrer Stimme sein. Günstigenfalls wird nicht die Angst vor Schaden an der Stimme, sondern die Freude daran, frei von Beschwerden zu singen, diese Aufmerksamkeit motivieren. Wenn eine Yogaübende die Halsgrube zum Thema ihrer Versenkung macht, dann wird sie in ähnlicher Weise den ganzen Tag die Aufmerksamkeit bei der Halsgrube halten. Diese Aufmerksamkeit ist eher ein Bewusstseinszustand, in dem die Übende weilt, als ein Zustand, in dem sie sich bewusst an das Thema erinnert. In ihrem Fall muss die Bemühung nicht von der Sorge überschattet sein, dass sich ihre Stimme nachteilig verändern oder beim Singen versagen könnte. Sie kann sich also frei von solchen Ängsten und Sorgen ganz gelassen der Übung widmen. Sie kann ihre Gedanken auf dieses Thema zum Beispiel bei der Ausführung gewisser *Āsanas* richten, die diese Gegend beanspruchen und spürbar werden lassen. Sie kann bei der Übung von *Āsana* auch *Ujjāyī* (Atemkontrolle durch die Halsgrube) ausführen und sich dabei auf die Halsgrube konzentrieren. Bei der Übung von *Prāṇāyāma* könnte *Śitalī* (Einatemfluss über die gefaltete Zunge) zur Aufmerksamkeit auf diese Gegend anregen. Schließlich gehört noch zur Übung, beim stillen Sitzen die Konzentration auf diesen Punkt zu bringen und dort zu halten.

Dieser einfühlsame Umgang mit der Halsgrube wird einen sicheren Einfluss auf unseren Geschmackssinn und auf unser Verlangen nach Speisen haben und übermäßigen, unangemessenen Hunger oder Durst in uns dämpfen und uns das Wesen von Hunger und Durst offenbaren. Insofern ist es vorstellbar, dass die vollendete Versenkung in dieses Thema uns die Herrschaft über Hunger und Durst ermöglichen wird.

Die Auswirkung der *Saṃyamas* (37, 51)

Nicht nur bei der Versenkung in das Thema Halsgrube, sondern bei jedem Thema ergibt die Übung eine eigene Wirkung. Es können Kräfte entstehen, die teilweise außergewöhnlich und fast übermenschlich sind. Zum Beispiel kann uns die Versenkung in das Licht in unserem Herzen ermöglichen, das Subtile, das Ferne oder das, was außerhalb unseres Sichtfeldes liegt, zu sehen. In anderen Worten: Wir bekommen hellseherische Fähigkeiten.

Die Wirkungen der *Saṃyamas* können zur Falle werden, weil sie den Übenden dazu verlocken, sich mit ihnen zu beschäftigen und damit das eigentliche Thema aus den Augen zu verlieren. Die Idee hinter den acht Übungsgliedern ist nicht, hellseherische Fähigkeiten zu erlangen, sondern ohne Verwechslung wertfrei wahrzunehmen und inneren Frieden zu finden. Die Wirkung ist nicht das Ziel. Sie ist lediglich ein Hinweisschild auf das Ziel. Wenn der Übende die Entstehung einer solchen Wirkung spürt, kann das für ihn ein Hinweis sein, dass seine Übungsweise richtig ist. Schließlich betont das *Yogasūtra* doch ausdrücklich, dass diejenigen Qualitäten, die durch den Wandel erst geweckt werden, schon vorher in uns vorhanden waren und dass die zurückgedrängten Qualitäten erneut in Erscheinung treten können. Das Interesse an den aus *Saṃyama* entstehenden Fähigkeiten könnte für uns problematisch werden. Die Fähigkeiten könnten unserem Ego schmeicheln, die überwundene Reizbarkeit wiederherstellen und uns in unserer Entwicklung zurückwerfen. Deshalb fordert das *Yogasūtra* uns dazu auf, den Wirkungen nicht zu viel Beachtung zu schenken. Für den ernsthaften Schüler sind sie eher Hindernisse.

Worum geht es dann bei den *Saṃyama*? (35)

Das gewählte Thema der Konzentration wird in unserer Empfindung sehr viel an Bedeutung gewinnen, wir werden es mit großer Genauigkeit verstehen lernen. Während unser Gesamtwissen über das Thema wächst, wird uns die Macht dieses Wissens helfen, vieles unter Kontrolle zu bekommen. War es aber unser Ziel, dass wir Wissen und Macht erlangen, die Welt besser verstehen und kontrollieren können?

Bei dem Ziel, für das wir uns auf den Weg gemacht haben, ging es darum, das Leiden zu vermindern, den Ursachen des Leidens entgegenzuwirken und mehr Frieden und Gleichgewicht zu erlangen. Mit großer Mühe zu diesen subtilen, langwierigen Übungen vorzudringen und dann den Leitfaden zu verlieren wäre ein großer Verlust. Deshalb fordert uns das *Yogasūtra* dazu auf, den Blick stets nach innen gerichtet zu halten und ständig zu unterscheiden: Was will ich und was will ich nicht? Welche Stimme ist die meines wirklichen Wesens und welche die des meinenden *Citta*? Wer bin ich und wer bin ich nicht? Dies ist das eigentliche Thema, das Thema hinter allen Themen: die Unterscheidung des *Draṣṭā* vom *Citta*. Letztlich geht es bei *Saṃyama* allein um dieses eine Thema. Zu diesem Thema hin sollten wir gelangen, unabhängig davon, was äußerlich unser Thema gewesen ist. Denn aus *Saṃyama* in dieses Thema erlangen wir die Erkenntnis des sehenden *Draṣṭā*. Erfolg bei diesem einen *Saṃyama* wird das Bewusstsein so verändern, dass die Qualität aller Sinneswahrnehmungen völlig neue Dimensionen erreicht.

Welche Themen werden im *Yogasūtra* für die Übung vorgeschlagen? (16–36, 38–50, 52, 53)

Die Anzahl der Themen im *Yogasūtra* ist groß. Das entspricht der Offenheit dieser Lehrschrift gegenüber allen Erfahrungen und zeigt auch sehr deutlich, wie viele Wege es für das Herangehen an die Meditation gibt. Außerdem ist *Saṃyama* eine sehr persönliche Übung. Jeder Mensch sollte sich ihr in einer für ihn passenden Weise annähern.

Die Auswahl des Themas kann nicht willkürlich geschehen. Die beste Lösung ist, von einer kompetenten Person, der man vertraut und die einen gut kennt, hierin unterwiesen zu werden. Ansonsten muss das überzeugte Üben im Laufe der Zeit die richtige Wahl ergeben.

Für einen Überblick über die vielen vorgeschlagenen Themen ist eine Unterteilung in vier verschiedene Kategorien hilfreich.

Themen, die sich auf den Körper beziehen:

Durch die Versenkung in das Licht in unserem Herzen entsteht die hellseherische Fähigkeit. Anders ausgedrückt: Wir werden das durchschauen, was uns daran hindert, Subtiles wahrzunehmen.

Aus der Versenkungsübung auf den Nabel folgt das Wissen über die Organsysteme im Körper.

Aus jener auf die Halsgrube entsteht die Beherrschung von Hungerleiden und Durstleiden.

Saṃyama in Brustraum – in der sich sowohl der Atem als auch die emotionalen Störungen äußern – hilft, stabil zu werden.

Sich zu verbinden mit der höchsten Lichtkraft in uns führt zum Erkennen der Botschaft und Lehren aller Weisen. Durch diese neue Wahrnehmungsfähigkeit kann alles Wissen erlangt werden. Die oberste Stelle des Scheitels ist traditionell der Punkt, der mit dieser Lichtkraft verbunden wird.

Saṃyama in das Herz, die Mitte, von der alles Denken und Fühlen ausgeht, ergibt klares Wissen über *Citta*.

Saṃyama in Form und Eigenschaft des Körpers führt zur Fähigkeit, mit der Umgebung zu verschmelzen und unsichtbar zu werden.

Udāna ist der Teil unserer Lebenskraft (*Prāṇa*), der die groben Informationen in subtile Wahrnehmungen verwandelt und den Kräften, die uns nach unten ziehen, entgegenwirkt. Versenkung in *Udāna* führt zu solch einer Leichtigkeit, dass sogar Dornen, Moor und Wasser unsere Bewegungen nicht einschränken können.

Samāna, ein anderer Teil der Lebenskraft (*Prāṇa*), versorgt uns mit der für die Verdauung notwendigen Wärme. Versenkung in *Samāna* macht das Feuer des Körpers sehr intensiv.

Die fünf Sinnesfunktionen sind mit den fünf Elementen verbunden: das Hören mit dem Raum, das Fühlen mit dem Wind, das Sehen mit dem Feuer, das Schmecken mit dem Wasser und das Riechen mit der Erde. Wenn wir diesen Verbindungen in tiefer Versenkung nachgehen, bekommen unser Hören, Fühlen usw. himmlische Intensität und nehmen Außergewöhnliches wahr.

Saṃyama in die Verbindung zwischen Körper und Raum und darauf, wie leichte Gegenstände sich durch die Luft bewegen, gibt uns die Fähigkeit, die Anziehungskraft der Erde zu durchdringen und uns durch den Raum zu bewegen.

Themen, die sich auf menschliche Eigenschaften beziehen:

Saṃyama in eine menschliche Eigenschaft wie Freundlichkeit schenkt uns große Fähigkeit zu dieser Eigenschaft.

Saṃyama in eine physikalische Eigenschaft wie Kraft schenkt uns große Kraft.

Themen, die sich auf die Natur beziehen:

Saṃyama in die Sonne gibt uns Wissen über das Planetensystem.

Saṃyama in den Mond gibt uns Wissen über die Sternkonstellationen.

Saṃyama in den Polarstern gibt uns Wissen über die Bewegung der Sterne.

Die Elemente, aus denen die Erde besteht, die Gegenstände auf dieser Erde, die jeweils eine eigene Zusammensetzung der gleichen Grundelemente bilden, der Zweck, den diese Gegenstände für uns erfüllen – wer diese Zusammenhänge genau erforscht, wird die Natur und die Gesetze, die in ihr gelten, durchschauen und den eigenen Körper, der aus den gleichen Elementen besteht, beherrschen.

Das Objekt, die Sinne, die das Objekt aufnehmen, der Geist, der die Wahrnehmung vermittelt, und der tiefe Sinn hinter der Wahrnehmung – den Zusammenhang dieser Faktoren zu verstehen schult die Sinnesorgane. Dann können die Sinne rascher reagieren und auch dahin dringen, wohin sonst nur die Gedanken gelangen können.

Saṃyama in Zeit und den Verlauf der Zeiteinheiten führt zu großer Unterscheidungsfähigkeit. Dinge, die kaum erkennbare Unterschiede aufweisen, werden differenziert erkannt.

Themen, die sich auf die Beschaffenheit unseres Geistes beziehen:

Aus der Bemühung, die Macht der Erinnerung und der Handlungsneigungen zu verstehen, erwächst das Wissen über unsere vergangenen Lebensphasen oder Leben.

Bei unserer Kommunikation mit anderen Menschen verbinden sich Sprache, Gefühle und Objekte untrennbar miteinander. Die Worte, die wir benutzen, das, was wir mit diesen Worten sagen wollen, und unsere Betrachtungsweise der Situation sind miteinander verflochten. Wenn wir durch Übung lernen, jeden dieser

Aspekte alleinstehend und für sich zu verstehen, dann wird es uns möglich, mit allen Menschen genauer zu kommunizieren, unabhängig von ihrem jeweiligen Hintergrund oder ihrer persönlichen Ausdrucksweise.

Saṃyama darin, wie wir auf Objekte, Situation oder Themen reagieren oder was sie in uns verändern, gibt uns Wissen über die Denkmuster anderer Menschen. Über die Herkunft dieser Denkmuster können wir jedoch kein Wissen erlangen.

Manche unserer Taten haben sofortige Wirkungen, bei anderen zeigen sich die Wirkungen erst nach und nach. *Saṃyama* in diese Tatsache führt zum Wissen darüber, was für uns passend ist und was nicht und wie der Ausgang unseres Lebens sein könnte.

Wenn wir die Verstrickungen und Konditionierungen, denen unser Tun unterliegt, durchschauen, bekommen wir die Fähigkeit, uns in andere Menschen hineinzuversetzen.

Unsere Wahrnehmung kann getrübt oder genau sein. Darüber hinaus ist noch eine andere Art der Wahrnehmung möglich, bei der wir zwar ein Objekt wahrnehmen, die daraus folgende Erkenntnis aber viel tiefer geht, als es der gewöhnlichen Bedeutung des Objektes entspricht. Sogar hierzu ist das *Citta* fähig. Durch *Saṃyama* in diese Art der Wahrnehmung werden die körperlichen Grenzen überwunden und der Geist von Unklarheit befreit.

Aber erst wenn der genaue Unterschied zwischen dem erkennenden *Draṣṭā* und dem vermittelnden *Citta* erfasst wird, kann der Geist mit all seinen Schattierungen verstanden und unser Wissen vollkommen werden. Und nur wenn wir sogar von solch tiefem Wissen unberührt bleiben, werden wir das Ziel des Yoga erreichen: die Ursachen des Leidens überwinden und die Freiheit finden.

Der Höhepunkt (54, 55)

Die subtilste Wirkung der *Saṃyamas* besteht darin, dass die Unterscheidungsfähigkeit des Übenden geschärft wird und die Schleier, die seinen *Draṣṭā* verhüllen, aufgelöst werden. Wenn diese aus Verwechslungen (*Avidya*) bestehenden Schleier, die vom *Citta* gesponnen wurden, sich zurückbilden, dann glänzt auch dieses *Citta* und ähnelt dadurch immer mehr dem *Draṣṭā*. Dann ist keine Verwechslung mehr möglich, die Erkenntnisse werden klar und die Wahrnehmung des eigenen sehenden Selbst wird Realität.

3.1

देशबन्धश्चित्तस्य धारणा ॥१॥

deśabandhaśCittaya dhāraṇā

Wenn sich das *Citta* [das meinende Selbst] mit einem Motiv verbindet, entsteht *Dhāraṇā,* die anhaltende Ausrichtung.

3.1	*deśa-bandhaḥ Cittaya dhāraṇā*
deśa	Ort / Thema / Objekt
bandha	Bindung
Cittaya	von *Citta* [dem meinenden Selbst]
dhāraṇā	anhaltende Ausrichtung

Erläuterung: Tiefe Konzentration entsteht, wenn Fühlen und Denken auf ein Thema ausgerichtet zur Einheit verschmelzen.

3.2

तत्र प्रत्ययैकतानता ध्यानम् ॥ २॥

tatra pratyayaikatānatā dhyānam

Dann werden alle Eindrücke zielstrebig zum Motiv strömen und *Dhyānam*, das stille Reflektieren, beginnt.

3.2	*tatra pratyaya-ekatānatā dhyānam*
tatra	dort / im Zustand des *Dhāraṇā* [der anhaltenden Ausrichtung]
pratyaya	tiefe, ungefärbte Eindrücke / geistige Tätigkeiten, die ungefärbt sind
ekatānatā	sehr gezielt / in stabilem Fluss
dhyāna	das stille Reflektieren

Erläuterung: Eine fortwährende tiefe Konzentration führt zum Zustand der Meditation.

3·3

तदेवार्थमात्रनिर्भासं स्वरूपशून्यमिव समाधिः ॥ ३ ॥

tadevārthamātranirbhāsaṃ svarūpaśūnyamiva samādhiḥ

Genau dann, wenn nur noch das Motiv leuchtet und das *Citta* [das meinende Selbst] verschwunden zu sein scheint, ist *Samādhi* [die vollkommene Erkenntnis] eingetreten.

3.3	*tad eva artha-mātra-nirbhāsaṃ svarūpa-śūnyam iva samādhiḥ*
tad eva	genau dort
arthamātra	Objekt / Thema allein
nirbhāsa	leuchtet
svarūpa	eigene Form (*Citta*)
śūnya	erloschen
iva	als ob
samādhi	vollkommene Erkenntnis (*Sabījas-Samādhi / Saṃprajñātas-Samādhi*)

Erläuterung: Wandelt sich der fortwährende Zustand der Meditation in eine innige Verbundenheit mit dem Thema, entsteht der tiefste Zustand der Erkenntnis.

3.4

त्रयमेकत्र संयमः ॥ ४ ॥

trayamekatra saṃyamaḥ

Diese drei Tiefen der Wahrnehmung bilden *Saṃyama* [die Versenkung].

3.4	*trayam ekatra saṃyamaḥ*
trayam	die Triade / die Dreiheit
ekatra	gemeinsam / zusammen
saṃyama	die Versenkung

Erläuterung: Konzentration, Meditation und innige Verbundenheit sind aufeinander folgende Stufen und bilden zusammen die Meditationsübung, *Saṃyama*.

3·5

तज्जयात् प्रज्ञालोकः ॥ ५ ॥

tajjayāt prajñālokaḥ

Aus der Beherrschung von *Saṃyama* [der Versenkung] entsteht vollkommenes Wissen über alles, was es wahrzunehmen gibt.

3.5	*tat-jayāt prajñā-ālokaḥ*
tat	daraus (aus *Saṃyama*)
jayāt	aus der Beherrschung
prajñā	vollkommenes Wissen
āloka	das gesamte Wahrnehmbare

Erläuterung: Vervollkommnung in der Meditation offenbart Wissen über das gesamte Sein.

3.6

तस्य भूमिषु विनियोगः ॥ ६ ॥

tasya bhūmiṣu viniyogaḥ

Die Anwendung von *Saṃyama* [der Versenkung] geht schrittweise vor sich.

3.6	*tasya bhūmiṣu viniyogaḥ*
tasya	dessen (*Saṃyama* [der Versenkung])
bhūmiṣu	in Schritten / in Stufen
viniyoga	Anwendung

Erläuterung: Meditation lässt sich nur schrittweise vervollkommnen.

3·7

त्रयमन्तरङ्गं पूर्वेभ्यः ॥७॥

trayamantarangaṃ pūrvebhyaḥ

Denn im Vergleich zu den erstgenannten (fünf Gliedern des Yoga) sind diese drei innere subtile Glieder.

3.7	*trayam antar-angaṃ pūrvebhyaḥ*
traya	die Triade / die Dreiheit
antaranga	inneres *Aṅga* [Glied]
pūrvebhyaḥ	mit den vorherigen

Erläuterung: Die Meditation ist eine subtile Übung im Vergleich zu der Übung der Körperhaltung, des Verhaltens und des Atems.

3.8

तदपि बहिरङ्गं निर्बीजस्य ॥ ८ ॥

tadapi bahiraṅgaṃ nirbījasya

Im Vergleich aber zu *Nirbījas-Samādhi*, der freien vollkommenen Erkenntnis, sind sie äußere Glieder.

3.8	*tad-api bahir-aṅgaṃ nirbījasya*
tad	sie
api	trotzdem
bahiraṅga	äußeres Glied
nirbījasya	im Vergleich zu *Nirbījas-Samādhi* [der freien vollkommenen Erkenntnis]

Erläuterung: Die große innere Stille als höchste Stufe von Yoga ist subtiler als der Meditationszustand.

3·9

व्युत्थाननिरोधसंस्कारयोरभिभवप्रादुर्भावौ निरोधक्षणचित्तान्वयो निरोधपरिणामः ॥ ९ ॥

vyutthānanirodhasaṃskārayorabhibhavaprādurbhāvau nirodhakṣaṇacittānvayo nirodhapariṇāmaḥ

Wenn das *Citta* [das meinende Selbst] bei seiner Fortentwicklung in manchen Situationen sehr gesammelt und in anderen noch sehr sprunghaft ist, nennt sich dieser Zustand des Wandels *Nirodha-Pariṇāma* (der Wandel, der durch Sammlung gekennzeichnet ist).

3.9 *vyutthāna-nirodha-saṃskārayoḥ abhibhava-prādurbhāvau nirodha-kṣaṇa-citta-anvayaḥ nirodha-pariṇāmaḥ*

vyutthāna-saṃskāra	unreflektiertes / sprunghaftes Verhalten
nirodha-saṃskāra	in Sammlung gegründetes Verhalten
abhibhava	verschwinden
prādurbhāva	auftauchen
kṣaṇa	Augenblick
nirodhakṣaṇa	in der Situation der Sammlung
anvaya	Verlauf / Zusammensetzung
pariṇāmaḥ	Wandel / Entwicklung
nirodha pariṇāma	der Wandel, der durch Sammlung gekennzeichnet ist

Erläuterung: Am Anfang der Entwicklung gelangen Fühlen und Denken in der Meditation zwar zur Einheit, werden aber immer wieder zerstreut.

3.10

तस्य प्रशान्तवाहिता संस्कारात् ॥१०॥

tasya praśānta-vāhitā saṃskārāt

Durch wiederholtes Üben bleibt dieser Wandel in einem steten Fluss.

3.10	*tasya praśānta vāhitā saṃskārāt*
tasya	dessen
praśānta	ruhiger
vāhitā	Gang / Fluss
saṃskārāt	aus wiederholtem Tun / Üben

Erläuterung: Durch wiederholtes Üben wird der meditative Zustand stabil.

3.11

सर्वार्थता एकाग्रतयोः क्षयोदयौ चित्तस्य समाधिपरिणामः ॥ ११ ॥

sarvārthatā ekāgratayoḥ kṣayodayau Cittaya samādhipariṇāmaḥ

Wenn das *Citta* [das meinende Selbst] bei seiner Fortentwicklung nicht mehr sprunghaft ist, aber auch nicht auf ein Thema ausgerichtet bleibt, sondern immer wieder viele Motive annimmt und sich darin vertieft, nennt sich dieser Zustand des Wandels *Samādhi-Pariṇāma* (der Wandel, der durch tiefe Erkenntnis gekennzeichnet ist).

3.11	*sarva-arthatā ekāgratayoḥ kṣaya-udayau Cittaya samādhi-pariṇāmaḥ*
sarvārthatā	viele Objekte / Themen
ekāgratā	ein Thema / Ziel
kṣaya	abnehmen
udaya	aufgehen
Cittaya	des *Citta* [des meinenden Selbst]
samādhi-pariṇāma	der Wandel, der durch tiefe Erkenntnis gekennzeichnet ist

Erläuterung: In einem fortgeschrittenen Zustand der Meditation sind Fühlen und Denken innerhalb eines Themas ausgewogen.

3.12

ततः पुनश्शान्तोदितौ तुल्यप्रत्ययौ चित्तस्यैकाग्रतापरिणामः ॥ १२ ॥

tataḥ punaśśāntoditau tulyapratyayau Cittayaikāgratāpariṇāmaḥ

Wenn das *Citta* [das meinende Selbst] bei seiner Fortentwicklung ruhig auf ein Motiv ausgerichtet bleibt und die Erkenntnisse über das Motiv einen gleichmäßigen Fluss von erwachenden und zurückgehenden Eindrücken bilden, nennt sich dieser Zustand des Wandels *Ekāgratā-Pariṇāma* [der Wandel, der durch vollkommene Versenkung gekennzeichnet ist].

3.12	*tataḥ punaḥ śānta-uditau tulya-pratyayau Cittaya ekāgratā-pariṇāmaḥ*
tataḥ	daraus
punaḥ	noch mal
śānta	beruhigt
udita	aufgegangen
tulya	ähnliche
pratyaya	Eindrücke
Cittaya	des *Citta* [des meinenden Selbst]
eka	eine
agratā	Spitzigkeit
ekāgratā-pariṇāma	der Wandel, der durch einträchtige Versenkung gekennzeichnet ist

Erläuterung: Im vollkommenen Zustand der Meditation sind Fühlen und Denken unabhängig von einem Thema ausgewogen.

3.13

एतेन भूतेन्द्रियेषु धर्मलक्षणावस्थापरिणामा व्याख्याताः ॥ १३ ॥

etena bhūtendriyeṣu dharmalakṣaṇāvasthāpariṇāmā vyākhyātāḥ

Ähnlich wie für das *Citta* [das meinende Selbst]) gibt es auch auf der Ebene der Materie und der Sinne (und damit auch bei den Themen) drei Arten von Wandel: *Dharma-Pariṇāma*, die grundlegende Veränderung wesentlicher Merkmale, *Lakṣaṇa-Pariṇāma,* die Veränderung äußerer Merkmale, und *Avasthā-Pariṇāma*, die zeitbedingte Veränderung.

3.13	*etena bhūta-indriyeṣu dharma-lakṣaṇa-avasthā-pariṇāmāḥ vyākhyātāḥ*
etena	dadurch
bhūta	Materie
indriyeṣu	bei den Sinnesorganen
dharma	das Wesentliche, das ein Objekt zu dem macht, was es ist
lakṣaṇa	Charakteristika
avasthā	zeitbedingte Stufe der Entwicklung / Epoche
vyākhyātāḥ	sind damit erklärt
dharma-pariṇāma	die grundlegende Veränderung wesentlicher Merkmale
lakṣaṇa-pariṇāma	die Veränderung äußerer Merkmale
avasthā-pariṇāma	die zeitbedingte Veränderung

Erläuterung: Wandel, dem sowohl das Gegenständliche als auch das Feinstoffliche und das Geistige unterliegt, geschieht durch die Zeit, durch äußere Einflüsse oder durch grundlegende Veränderungen innnerhalb des sich wandelnden Objekts.

3.14

शान्तोदिताव्यपदेश्यधर्मानुपाती धर्मी ॥१४॥

śāntoditāvyapadeśyadharmānupātī dharmī

Die Verwandlungen, die schon in einem Objekt stattgefunden haben, die Verwandlungen, die noch entstehen können, und die Verwandlungen in der momentanen Erscheinung leiten sich alle von den wesentlichen Eigenschaften ab, die im Objekt enthalten sind.

3.14	*śānta-udita-avyapadeśya-dharma-anupātī dharmī*
śānta	zurückgegangen
udita	erscheinend
avyapadeśya	noch nicht erschienen
dharma	essentielle Eigenschaften
anupātī	je nach / basierend auf
dharmī	das Objekt / Thema, in dem sich die Eigenschaften befinden

Erläuterung: Alle Wandlungen, in denen unser Geist je war oder sein wird, sind abzuleiten von den grundlegenden Eigenschaften, die das Wesen des Geistes bilden.

3.15

क्रमान्यत्वं परिणामान्यत्वे हेतुः ॥१५॥

kramānyatvaṃ pariṇāmānyatve hetuḥ

Die Ursache für die Unterschiedlichkeit der Verwandlungen ist die immer andere Sequenz der Schritte, die zur Verwandlung führt.

3.15	*krama-anyatvaṃ pariṇāma-anyatve hetuḥ*
krama	Sequenz, Reihenfolge
anyatva	das Anderssein
pariṇāma	Verwandlung
hetu	Ursache

Erläuterung: Jeder entstandenen Wandlung gingen Schritte voraus, die diese Wandlung anbahnten.

3.16

परिणामत्रयसंयमातीतानागतज्ञानम् ॥१६॥

pariṇāmatrayasaṃyamātatītānāgatajñānam

Saṃyama [Versenkung] in die drei Arten von *Pariṇāma* [Verwandlung] führt zu Wissen über die Vergangenheit und die Zukunft.

3.16	*pariṇāmatraya-saṃyamāt atīta-anāgata-jñānam*
pariṇāmatraya	die drei Arten von *Pariṇāma* [Verwandlung]
saṃyamāt	aus *Saṃyama* [Versenkung]
atīta-jñāna	Wissen über Vergangenes
anāgata-jñāna	Wissen über Zukünftiges

Erläuterung: Meditation über die Wandelbarkeit der Dinge führt zu Wissen über Vergangenheit und Zukunft.

3.17

शब्दार्थप्रत्ययानामितरेतराध्यासात्संकरः तत्प्रविभागसंयमात् सर्वभूतरुतज्ञानम् ॥ १७ ॥

śabdārthapratyayānāmitaretarādhyāsātsaṅkaraḥ tatpravibhāgasaṃyamāt sarvabhūtarutajñānam

Die Eindrücke von einem Objekt, das Wort, mit dem das Objekt assoziiert wird, und das Objekt selbst vermischen sich (in der Wahrnehmung) untrennbar miteinander. *Saṃyama* [Versenkung] darin, wie diese drei Bereiche der Wahrnehmung auseinander gehalten werden, führt zur Fähigkeit, alle Wesen zu verstehen.

3.17	*śabda-artha pratyayānām itaretara-adhyāsāt saṅkaraḥ tat-pravibhāga-saṃyamāt sarva-bhūta-ruta-jñānam*
śabda	Wort
artha	Objekt, das dieses Wort beschreibt
pratyaya	Erfahrung / Eindrücke von dem Objekt
itaretara	miteinander
adhyāsa	gegenseitige Besetzung
saṅkara	Vermischung
tat	dessen
pravibhāga	auseinander halten
saṃyamāt	aus *Saṃyama* [Versenkung]
sarvabhūta	alle Wesen
ruta	Sprache
jñāna	Wissen

Erläuterung: Wer den Zusammenhang zwischen Worten, der Sache, die sie schildern, und den Gedankengängen, die sie auslösen, versteht, kann sich in allen Lagen mit jedem verständigen.

3.18

संस्कारसाक्षात्करणात् पूर्वजातिज्ञानम् ॥ १८ ॥

saṃskārasākṣātkaraṇāt pūrvajātijñānam

Saṃyama [Versenkung] in *Saṃskāra*, die erworbenen Neigungen, die unser Tun beeinflussen, führt zu Wissen über unsere vergangenen Leben.

3.18	*saṃskāra-sākṣāt-karaṇāt pūrva-jāti-jñānam*
saṃskāra	das Angewöhnte / erworbene Neigungen, die unser Tun beeinflussen
sākṣātkaraṇa	direkt vor den Augen / unmittelbar sichtbar
pūrva	frühere
jāti	Geburt
jñāna	Wissen

Erläuterung: Allein durch die Meditation über die Spuren alter Wahrnehmungen können frühere Geburten erkannt werden.

3.19

प्रत्ययस्य परचित्तज्ञानम् ॥१९॥

pratyayasya paracittajñānam

Saṃyama [Versenkung] in die Eindrücke, die durch ungefärbte Wahrnehmungen entstehen, führt zu Wissen über das *Citta* der anderen.

3.19	*pratyayasya para-citta-jñānam*
pratyaya	tiefe / ungefärbte Eindrücke
para-citta	das *Citta* [meinende Selbst] der anderen
jñāna	Wissen

Erläuterung: Reflexion über Fühlen und Denken macht sichtbar, was andere Menschen bewegt.

3.20

न च तत् सालम्बनं तस्याविषयीभूतत्वात् ॥ २० ॥

na ca tat sālambanaṃ tasyāviṣayībhūtatvāt

Wir können aber nicht erfahren, welche Themen das *Citta* [meinende Selbst] der anderen Menschen bewegen – denn das liegt außerhalb unseres Erkenntnisfeldes.

3.20	*na ca tat sa-ālambanaṃ tasya aviṣayī-bhūtatvāt*
na	nein
ca	und
tat	dessen (der anderen *Citta*)
sālambana	Stütze / Auslöser / Ursache der Wahrnehmung
tasya	deren
aviṣayī	nicht im Wissensfeld
bhūtatvāt	weil das so ist

Erläuterung: Man kann erkennen, was andere Menschen bewegt, nicht aber, warum es sie bewegt.

3.21

कायरूपसंयमात् तत्ग्राह्यशक्तिस्तम्भे
चक्षुःप्रकाशासंप्रयोगेऽन्तर्धानम् ॥२१॥

kāyarūpasaṃyamāt tatgrāhyaśaktistambhe cakṣuḥprakāśāsaṃprayoge'ntardhānam

Saṃyama [Versenkung] in die Körperform macht den Übenden unsichtbar: Die Eigenschaft, die ein Objekt sichtbar macht, erstarrt bei ihm, so dass das Licht der Augen eines Schauenden ihn nicht trifft.

3.21	*kāya-rūpa-saṃyamāt tat-grāhya-śakti-stambhe cakṣuḥ-prakāśa-asaṃprayoge antardhānam*
kāya	Körper
rūpa	Form
saṃyamāt	aus *Saṃyama* [Versenkung]
tat	dessen
grāhya	gesehen werden
śakti	Kraft
stambhe	starr werden
cakṣu	Augen
prakāśa	Licht
(a)saṃprayoge	treffen (nicht)
antardhāna	verschwindet / wird unsichtbar

Erläuterung: Derjenige, der die eigene Form gut kennt, kann nach Belieben unbemerkt bleiben.

3.22

सोपक्रमं निरुपक्रमं च कर्म तत्संयमादपरान्तज्ञानम्
रिष्टेभ्यो वा ॥ २२॥

sopakramaṃ nirupakramaṃ ca karma tatsaṃyamādaparāntajñānam ariṣṭebhyo vā

Es gibt zwei Arten von Handlungen: solche, bei denen die Schritte, die zu tun sind, nachvollziehbar oder voraussehbar sind, und solche, bei denen das nicht möglich ist. *Saṃyama* [Versenkung] in die Verbindung zwischen den Schritten einer Handlung und deren Ergebnis führt zu Wissen darüber, was für uns gut ist, was für uns nicht gut ist und wann der Tod kommt.

3.22	*sopakramaṃ nirupakramaṃ ca karma tat-saṃyamāt aparānta-jñānam ariṣṭebhyo vā*
krama	Sequenz, Reihenfolge
karma	Handlung
sopakrama-karma	Handlung, bei der die Schritte nachvollziehbar sind
nirupakrama-karma	Handlung, bei der die Schritte nicht nachvollziehbar sind
tatsaṃyamāt	durch *Saṃyama* [Versenkung] darüber
aparānta	Zeitpunkt des Sterbens
jñāna	Wissen
ariṣṭa	was feindlich und was gut ist
vā	oder

Erläuterung: Wer tief darüber refektiert, warum manches in Erfüllung geht, anderes wiederum nicht, weiß, was für einen gut oder schlecht ist.

3.23

मैत्र्यादिषु बलानि ॥ २३ ॥

maitryādiṣu balāni

Saṃyama [Versenkung] in Liebe bringt Kraft in der Fähigkeit der Liebe usw. (betrifft auch die drei weiteren *Bhāvanām* aus *Sūtra* 1.33).

3.23	*maitrī-ādiṣu balāni*
maitrī	Freundlichkeit / Liebe
ādiṣu	und so weiter
balāni	Kräfte

Erläuterung: Sich mit dem Thema Liebe zu verbinden entfaltet große Liebesfähigkeit.

3.24

बलेषु हस्तिबलादीनि ॥२४॥

baleṣu hastibalādīni

Saṃyama [Versenkung] in Kraft führt zur Kraft eines Elefanten.

3.24	*baleṣu hasti-bala-ādīni*
baleṣu	in Kraft
hasti	Elefant
balādīni	Kraft usw. (ähnlich auch andere Eigenschaften)

Erläuterung: Wer sich mit einer Eigenschaft wie Kraft verbindet, erlangt diese Eigenschaft in aller Intensität.

3.25

प्रवृत्त्यालोकन्यासात् सूक्ष्मव्यवहितविप्रकृष्टज्ञानम् ॥ २५ ॥

pravṛttyālokanyāsāt sūkṣmavyavahitaviprakṛṣṭajñānam

Hingabe an die Quelle des inneren Lichts führt zu Wissen über Subtiles, Verborgenes und Fernes.

3.25	*pravṛtti-āloka-nyāsāt sūkṣma-vyavahita-viprakṛṣṭa-jñānam*
pravṛtti	Quelle
āloka	*Jyotiṣ* / Licht
nyāsāt	durch Hingabe
jñāna	Wissen
sūkṣma	Subtiles
vyavahita	Dinge hinter Hindernissen, Verstecktes
viprakṛṣṭa	sehr weit entfernt / außerhalb der Sinnesbereiche

Erläuterung: Sich anhand des inneren Lichts zu orientieren hilft, die Sinnesgrenzen zu transzendieren.

3.26

भुवनज्ञानं सूर्ये संयमात् ॥ २६ ॥

bhuvanajñānaṃ sūrye saṃyamāt

Saṃyama [Versenkung] in die Sonne führt zu Wissen über die Welten.

3.26	*bhuvana-jñānaṃ sūrye saṃyamāt*
bhuvana-jñāna	Wissen über die Welten
sūrye	über *Sūrya* [die Sonne]
saṃyamāt	aus *Saṃyama* [Versenkung]

Erläuterung: Meditation über die Sonne bringt Wissen über den Kosmos.

3.27

चन्द्रे ताराव्यूहज्ञानम् ॥ २७ ॥

candre tārāvyūhajñānam

Saṃyama [Versenkung] in den Mond bringt Wissen über die Sternkonstellationen.

3.27	*candre tārā-vyūha-jñānam*
candre	im Mond
tārā	Stern
vyūha	Formation
jñāna	Wissen

Erläuterung: Meditation über den Mond bringt Wissen über die Sterne.

3.28

ध्रुवे तद्गतिज्ञानम् ॥ २८ ॥

dhruve tadgatijñānam

Saṃyama [Versenkung] in den Polarstern bringt Wissen über die Bewegung der Sterne.

3.28	*dhruve tad-gati-jñānam*
dhruva	Polarstern
tat	dessen (von den Konstellationen)
gati	Bewegung
jñānam	Wissen

Erläuterung: Meditation über den Polarstern bringt Wissen über die kosmischen Bewegungen.

3.29

नाभिचक्रे कायव्यूहज्ञानम् ॥ २९ ॥

nābhicakre kāyavyūhajñānam

Die Konstellation der Körperorgane wird uns durch *Saṃyama* [Versenkung] in *Nābhicakra* [das Nabelzentrum] gewahr.

3.29	*nābhi-cakre kāya-vyūha-jñānam*
nābhi	Nabel
cakra	Rad
kāya	Körper
vyūha	Konstellation
jñāna	Wissen

Erläuterung: Das Bewusstsein auf den Nabel, den Mittelpunkt des Körpers, gerichtet zu halten fördert intuitives Wissen über den Leib.

3.30

कण्ठकूपे क्षुत्पिपासानिवृत्तिः ॥ ३० ॥

kaṇṭhakūpe kṣutpipāsānivṛttiḥ

Hunger und Durst kommen zum Stillstand durch *Saṃyama* [Versenkung] in die Halsgrube.

3.30	*kaṇṭha-kūpe kṣut-pipāsā-nivṛttiḥ*
kaṇṭha	Hals
kūpa	Grube
kṣut	Hunger
pipāsā	Durst
nivṛtti	Beendigung

Erläuterung: Meditation über die Halsgrube stillt Durst- und Hungergefühl.

3.31

कूर्मनाड्यां स्थैर्यम् ॥ ३१ ॥

kūrmanāḍyāṃ sthairyam

Saṃyama [Versenkung] in *Kūrmanāḍī* [den Brustbeinbereich] führt zu Stabilität.

3.31	*kūrma-nāḍyāṃ sthairyam*
kūrma	Schildkröte
nāḍī	Nerv / Passage / Bahn
kūrmanāḍī	Bereich des Brustbeins
sthairya	Stabilität

Erläuterung: Meditation über das Brustbein bewirkt emotionale Stabilität.

3.32

मूर्धज्योतिषि सिद्धदर्शनम् ॥ ३२ ॥

mūrdhajyotiṣi siddhadarśanam

Saṃyama [Versenkung] in das Licht im höchsten Punkt im Körper führt uns zu den Erkenntnissen der erleuchteten Wesen.

3.32	*mūrdha-jyotiṣi siddha-darśanam*
mūrdha	die Spitze des Kopfes
jyotiṣ	Licht
siddha	erleuchtete Wesen
darśana	Sicht / Kontakt

Erläuterung: Meditation über das Licht im Scheitelpunkt gibt Zugang zur Weisheit anderer Wesen.

3·33

प्रातिभाद्वा सर्वम् ॥ ३३ ॥

prātibhādvā sarvam

Oder Wissen über alle Objekte durch *Saṃyama* [Versenkung] in deren Essenz.

3.33	*prātibhād vā sarvam*
prātibha	die Essenz / das Licht jedes Objektes
vā	oder
sarvam	alles

Erläuterung: Sich mit der Quelle der Intuition zu verbinden, die uns das Wesentliche hinter den Dingen offenbart, führt uns zu Wissen über alles.

3·34

हृदये चित्तसंवित् ॥ ३४ ॥

hṛdaye Cittaaṃvit

Saṃyama [Versenkung] in das Herz bringt genaues Wissen über das *Citta* [das meinendeSelbst].

3.34 *hṛdaye citta-saṃvit*

hṛdaye im Herz
citta das meinende Selbst
saṃvit genaues Wissen

Erläuterung: Meditation über das Licht im Herzpunkt bringt Wissen über Fühlen und Denken.

3·35

सत्त्वपुरुषयोरत्यन्तासंकीर्णयोः प्रत्ययाविशेषो भोगः
परार्थत्वात्स्वार्थसंयमात् पुरुषज्ञानम् ॥ ३५ ॥

sattvapuruṣayoratyantāsaṅkīrṇayoḥ pratyayāviśeṣo bhogaḥ
parārthatvātsvārthasaṃyamāt puruṣajñānam

Wenn die Besinnung mit einem äußeren Ziel verbunden ist, kann der Wesensunterschied zwischen dem *Citta* [dem meinenden Selbst] und dem *Puruṣa* [dem inneren Selbst] nicht wahrgenommen werden, und dies führt zur Verkettung. Erst wenn die Besinnung auf das innere Ziel ausgerichtet ist, entsteht die Erkenntnis des *Puruṣa*.

3.35	*sattva-puruṣayoḥ atyanta-asaṅkīrṇayoḥ pratyayāviśeṣaḥ bhogaḥ para-arthatvāt sva-artha-saṃyamāt puruṣa-jñānam*
sattva	*Citta* [das meinende Selbst]
puruṣayoḥ	des *Puruṣa* [des inneren Selbst]
atyanta	extreme
a-saṅkīrṇa	nicht verbunden / nicht vermischt
pratyaya	die Wahrnehmung / der Eindruck
aviśeṣa	nicht das Objekt / wird nicht zum Thema / wird nicht erkannt
bhoga	Verkettung
parārthatvāt	wegen des äußeren Zieles
svartha	inneres Ziel
saṃyamāt	aus *Saṃyama* [Versenkung]
puruṣa-jñāna	Erkenntnis des *Puruṣa* [des inneren Selbst]

Erläuterung: Selbsterkenntnis kommt nicht, solange die Meditation von einem äußeren Thema abhängt, sondern erst, wenn Fühlen und Denken ganz nach innen gerichtet sind.

3.36

ततः प्रातिभश्रावणवेदनादर्शास्वादवार्ता जायन्ते ॥ ३६ ॥

tataḥ prātibhaśrāvaṇavedanādarśāsvādavārtā jāyante

Daraus entstehen die subtilsten Wahrnehmungen über die Sinne – das Hören, Tasten, Sehen, Schmecken und Riechen.

3.36	*tataḥ prātibha-śrāvaṇa-vedana-ādarśa-āsvāda-vārtāḥ jāyante*
tataḥ	daraus
prātibha	die Essenz von jedem Wesen / das Licht in jedem Wesen
śrāvaṇa	das Hören
vedana	das Fühlen
ādarśa	das Sehen
āsvāda	das Schmecken
vārta	das Riechen
jāyante	gehen hervor

Erläuterung: Die Erkenntnis des Inneren verändert wesentlich die Wahrnehmung des Äußeren: Klang, Berührung, Form, Geschmack und Geruch werden in ihrer Reinheit gefühlt.

3.37

ते समाधावुपसर्गा व्युत्थाने सिद्धयः ॥ ३७ ॥

te samādhavupasargā vyutthāne siddhayaḥ

All diese Fähigkeiten sind für die Ruhelosen Errungenschaften; für diejenigen in *Samādhi* [der vollkommenen Erkenntnis] sind sie eher Brüche.

3.37	*te samādhau upasargāḥ vyutthāne siddhayaḥ*
te	jene
samādhau	für diejenigen in *Samādhi*
upasargāḥ	Brüche / Unterbrechungen
vyutthāne	für diejenigen in Aufregung
siddhayaḥ	Errungenschaften

Erläuterung: Die Meditation bringt viele wunderbare Ergebnisse, die aber im Grunde nur Ablenkungen sind.

3.38

बन्धकारणशैथिल्यात् प्रचारसंवेदनाच्च चित्तस्य परशरीरावेशः ॥ ३८ ॥

bandhakāraṇaśaithilyāt pracārasaṃvedanācca Cittaya paraśarīrāveśaḥ

Wenn (durch *Saṃyama* [die Versenkung]) die Ursache unserer Befangenheit gelockert und die Bewegung des *Citta* [des meinenden Selbst] verstanden worden ist, wird es möglich, in den Körper eines anderen einzudringen.

3.38	*bandha-kāraṇa-śaithilyāt pracāra-saṃvedanāt ca Cittaya para-śarīra-āveśaḥ*
bandha	Fesseln
kāraṇa	Ursache
śaithilyāt	durch die Lockerung
pracāra	Bewegung
saṃvedanāt	durch richtiges Verstehen
ca	und
Cittaya	von *Citta* [dem meinenden Selbst]
para	andere
śarīra	Körper
āveśa	eintreten

Erläuterung: Wer die Fesseln sprengt, die ihn an sein Ego binden, kann sich in andere Menschen hineinfühlen.

3·39

उदानजयाज्जलपङ्ककण्टकादिष्वसङ्गोत्क्रान्तिश्च ॥ ३९ ॥

udānajayājjalapaṇkakaṇṭakādiṣvasaṅgotkrāntiśca

Wenn der Übende Kontrolle über *Udāna-Vāyu* (den Teil des *Prāna* [der Lebenskraft], der im Kehlbereich wirkt) erlangt, wird er unberührt von Wasser, Sumpf und Dornen. Seine Energie wird aufwärts steigen.

3.39	*udāna-jayāt jala-paṇka-kaṇṭakādiṣu asaṅgaḥ utkrāntiḥ ca*
udāna	*Udāna-vāyu* / der Teil des *Prāṇa* [der Lebenskraft], der im Kehlbereich wirkt
jayāt	durch Sieg darüber
jala	Wasser
paṇka	Moor / Sumpf
kaṇṭaka	Dorn
ādiṣu	und so weiter
asaṅga	kein Kontakt
utkrānti	aufwärts steigen
ca	und

Erläuterung: Sich mit der Kraft zu verbinden, die der Trägheit entgegenwirkt, befähigt, unversehrt über Dornen, Sumpf und Wasser zu gehen.

3.40

समानजयाज्ज्वलनम् ॥ ४० ॥

samānajayājjvalanam

Kontrolle über *Samāna-Vāyu* (den Teil des *Prāna* [der Lebenskraft], der im Verdauungsbereich wirkt) führt zur glühenden Qualität des Körpers.

3.40	*samāna-jayāt jvalanam*
samāna	*Samāna-Vāyu* / der Teil des *Prāna* [der Lebenskraft], der im Verdauungsbereich wirkt
jayāt	durch Sieg darüber
jvalana	Glut / das Glühen

Erläuterung: Sich mit der Kraft zu verbinden, die das Verdauungsfeuer aufrecht erhält, verleiht dem Körper Glut.

3.41

श्रोत्राकाशयोस्संबन्धसंयमाद्दिव्यं श्रोत्रम् ॥ ४१ ॥

śrotrākāśayossaṃbandhasaṃyamāddivyaṃ śrotram

Aus *Saṃyama* [Versenkung] in die Beziehung zwischen Klang und Raum entsteht göttliches Hörvermögen.

3.41	*śrotra-ākāśayoḥ saṃbandha-saṃyamāt divyaṃ śrotram*
śrotra	das Hören
ākāśa	Raum / All
saṃbandha	Verbindung
saṃyamāt	aus *Saṃyama* [Versenkung]
divya	göttlich
śrotra	Hörvermögen

Erläuterung: Durch Verstehen des subtilen Zusammenhangs zwischen Klang und Raum wird die Qualität des Hörens unübertrefflich.

3.42

कायाकाशयोस्संबन्धसंयमाल्लघुतूलसमापत्तेश्चाकाश-
गमनम् ॥ ४२॥

kāyākāśayossaṃbandhasaṃyamāllaghutūlasamāpatteścākāśagamanam

Saṃyama [Versenkung] in die Verbindung zwischen Körper und Raum und tiefes Verständnis für die Leichtigkeit von Baumwollflocken befähigen den Übenden, sich im Raum zu bewegen.

3.42	*kāya-ākāśayoḥ saṃbandha-saṃyamāt laghu-tūla-samāpatteḥ ca ākāśa-gamanam*
kāya	Körper
ākāśa	Raum / All
saṃbandha	Verbindung
saṃyamāt	aus *Saṃyama* [Versenkung]
laghu	leicht
tūla	Baumwollflocken
samāpatti	genaues Treffen / genaue Erkenntnis
ca	und
ākāśa	Raum
gamana	Bewegung

Erläuterung: Durch Verstehen des subtilen Zusammenhangs zwischen Körpermasse und Raum wird Schwerelosigkeit erlangt.

3.43

बहिरकल्पिता वृत्तिर्महाविदेहा ततः प्रकाशावरणक्षयः ॥ ४३ ॥

bahirakalpitā vṛttirmahāvidehā tataḥ prakāśāvaraṇakṣayaḥ

Die Schulung, durch Objekte hindurch das Wesentliche zu erschauen, sprengt die körperlichen Grenzen und reduziert die Nebel um den Geist.

3.43	*bahir-akalpitā vṛttiḥ mahā-videhā tataḥ prakāśa-āvaraṇa-kṣayaḥ*
bahiḥ	außen
akalpitā-vṛtti	eine Wahrnehmung, ähnlich der bei *Vikalpa* [Vorstellung] – hier ist allerdings ein Objekt vorhanden, aber durch die innere Klarheit geht die Wahrnehmung durch das Objekt hindurch zu Essentiellerem
mahā	große
videhā	(einer mit) ungewöhnlichem Körper
tataḥ	daraus / dann
prakāśa	Licht
āvaraṇa	Hülle
kṣaya	Reduzierung

Erläuterung: Wird die Wahrnehmung frei von Vorstellungen und beruht sie auf Absichtlosigkeit, dann lösen sich die körperlichen Grenzen der Wahrnehmung auf und ermöglichen große Klarheit.

3.44

स्थूलस्वरूपसूक्ष्मान्वयार्थवत्त्वसंयमाद् भूतजयः ॥ ४४ ॥

sthūlasvarūpasūkṣmānvayārthavattvasaṃyamād bhūtajayaḥ

Die Form eines Objektes, die Elemente, aus denen es besteht, die subtilen Quellen dieser Elemente, die Zusammensetzung der Elemente des Objektes und die Funktion dieses Objektes – *Saṃyama* [Versenkung] in dieses Thema führt zur Meisterschaft über Materie.

3.44	*sthūla-svarūpa-sūkṣma-anvaya-arthavattva-saṃyamāt bhūta-jayaḥ*
sthūla	äußere Komponenten eines Objektes (Erde, Wasser, Feuer, Wind, Äther)
svarūpa	die Form (eines Objektes)
sūkṣma	die Ursache der äußeren Komponenten (von Klang kommt Äther, von Erregung Wind, von Form Feuer, von Geschmack Wasser und von Geruch Erde)
anvaya	die Aneinanderreihung / Zusammensetzung
arthavattva	Sinn / Zweck des Objektes
saṃyamāt	aus *Saṃyama* [Versenkung]
bhūta	die fünf Elemente / Materie
jaya	Sieg / Kontrolle

Erläuterung: Wer die Dinge auf dieser Welt versteht, nicht nur bezüglich ihres Inhalts und ihrer Form, sondern sogar die Urquelle ihrer Inhaltsstoffe und den ursprünglichen Sinn dieser Dinge begreift, kann die Materie durchschauen.

3.45

ततोऽणिमादिप्रादुर्भावः कायसंपत् तद्धर्मानभिघातश्च ॥ ४५ ॥

tato'ṇimādiprādurbhāvaḥ kāyasampat taddharmānabhighātaśca

Ferner entstehen die acht großen Fähigkeiten. Der Körper erlangt Vollkommenheit und sein natürlicher Verfall wird keine Störung mehr sein.

3.45	*tataḥ aṇimādi-prādurbhāvaḥ kāya-saṃpat tad-dharma-anabhighātaḥ ca*
tataḥ	daraus
aṇimādi	betrifft die acht großen Fähigkeiten (*Siddhis):* klein wie ein Atom, extrem groß, extrem leicht, extrem schwer werden, das Entfernteste erreichen, den Willen geschehen lassen, Macht über Objekte bekommen, ihre Entstehung oder ihr Verschwinden kontrollieren
siddhi	diese Fähigkeiten
prādurbhāva	erscheinen
kāyasaṃpat	die Vollkommenheit des Körpers
tad	dessen
dharma	Natur
an-abhighāta	nicht betroffen
ca	und

Erläuterung: Erst das vollkommene Durchdringen des Wesens der Materie sprengt die materiellen Begrenzungen des Leibes, körperliche Vollkommenheit kann sich entfalten.

3.46

रूपलावण्यबलवज्रसंहननत्वानि कायसंपत् ॥ ४६ ॥

rūpalāvaṇyabalavajrasaṃhananatvāni kāyasaṃpat

Vollkommenheit des Körpers bedeutet, dass die Gliedmaßen ihre optimale Form erlangen, Ausstrahlung sich entfaltet, Kraft gedeiht und die Widerstandsfähigkeit steigt.

3.46	*rūpa-lāvaṇya-bala-vajra-saṃhananatvāni kāyasaṃpat*
rūpa	Form
lāvaṇya	Charisma / Ausstrahlung
bala	Kraft
vajra	Härte / Widerstandsfähigkeit
saṃhananatva	Unschlagbarkeit
kāyasaṃpat	die Vollkommenheit des Körpers

Erläuterung: Wer kraftvoll und widerstandsfähig ist sowie körperlich im Gleichgewicht, strahlt im Glanz des vollkommenen Körpers.

3.47

ग्रहणस्वरूपास्मितान्वयार्थवत्त्वसंयमातिन्द्रिय जयः ॥ ४७ ॥

grahaṇasvarūpāsmitānvayārthavattvasaṃyamātindriya jayaḥ

Das wahrgenommene Objekt/Thema, das Mittel der Wahrnehmung, die Ich-Bezogenheit in der Wahrnehmung, das Zusammenspiel dieser drei Faktoren einer Wahrnehmung und der Zweck hinter dieser Wahrnehmung – *Saṃyama* [Versenkung] in dieses Thema führt zum Sieg über die Sinne.

3.47	*grahaṇa-svarūpa-asmitā-anvaya-arthavattva-saṃyamāt indriya-jayaḥ*
grahaṇa	die Mittel zur Wahrnehmung
svarūpa	die (wahrgenommene) Form, das Objekt
asmitā	Ich-Gedanken in der Wahrnehmung
anvaya	Zusammensetzung
arthavattva	Sinn und Zweck
saṃyamāt	aus *Saṃyama* [Versenkung]
indriya	die Organe, die Informationen von außen nach innen vermitteln (der Geist, die fünf Sinnesorgane und die fünf tatorientierten Organe: Hände, Füße, Sprechorgan, Ausscheidungsorgan, Genitalien)
jaya	Sieg

Erläuterung: Wer die Wahrnehmungen und ihren Bezug zu dem, was wahrgenommen wird, versteht und darüber hinaus den Sinn hinter der einzelnen Wahrnehmung und die Rolle von Fühlen und Denken dabei begreift, durchschaut die Sinne.

3.48

तततो मनोजवित्वं विकरणभावः प्रधानजयश्च ॥ ४८ ॥

tato manojavitvaṃ vikaraṇabhāvaḥ pradhānajayaśca

Die Sinne werden schnell wie der Geist und nehmen weit über ihre Grenzen hinaus wahr, und die Fähigkeit, die Urmaterie zu kontrollieren, entwickelt sich.

3.48	*tataḥ manas-javitvaṃ vikaraṇa-bhāvaḥ pradhāna-jayaḥ ca*
tataḥ	daraus
manas	der Geist
javitva	Schnelligkeit
vikaraṇa	besondere Wirkungsweise
bhāva	diese Qualität
pradhāna	*Mūlaprakṛti* oder Urmaterie
jaya	Sieg
ca	und

Erläuterung: Wer die Wahrnehmung und dadurch die Sinne durchdringt, dessen Sinne transzendieren Zeit und Raum.

3.49

सत्त्वपुरुषान्यताख्यातिमात्रस्य सर्वभावाधिष्ठातृत्वं सर्वज्ञातृत्वं च ॥ ४९ ॥

sattvapuruṣānyatākhyātimātrasya sarvabhāvādhiṣṭhātṛtvaṃ sarvajñātṛtvaṃ ca

Erst aus der Erkenntnis über die Unterschiedlichkeit von *Puruṣa* [dem inneren Selbst] und *Citta* [dem meinenden Selbst] entsteht Meisterschaft über sämtliche Gefühle und vollkommene Weisheit.

3.49	*sattva-puruṣa-anyatā-khyāti-mātrasya sarva-bhāva-adhiṣṭhātṛtvaṃ sarva-jñātṛtvaṃ ca*
sattva	*Citta* [das meinende Selbst]
puruṣa	der Bewohner / das innere Selbst / *Draṣta* [das sehende Selbst]
anyatā	nicht gleich
khyāti	Erkenntnis
mātrasya	nur daraus
sarva	sämtliche
bhāva	Gefühl
adhiṣṭhātṛtva	Übersicht / Meisterschaft
jñātṛtva	Weisheit / Übersicht über das Wissen
ca	und

Erläuterung: Gefühle und Gedanken werden erst dann vollkommen, wenn sie vom unsterblichen Wesenskern unterschieden werden.

3.50

तद्वैराग्यादपि दोषबीजक्षये कैवल्यम् ॥ ५० ॥

tadvairāgyādapi doṣabījakṣaye kaivalyam

Auch gegenüber diesen Fähigkeiten ist *Vairāgya* [Gleichmut] nötig; allein dann gehen die *Kleśas* [die störenden Kräfte] so weit zurück, dass Freiheit entstehen kann.

3.50	*tad-vairāgyāt-api doṣa-bīja-kṣaye kaivalyam*
tad	dessen (diese Fähigkeiten)
vairāgyāt	aus *Vairāgya* [Gleichmut] dazu
api	auch / erst dann
doṣa	Makel / *Avidyā* [Verwechslung]
bīja	Wurzel
kṣaya	Rückgang
kaivalya	Alleinsein / Freiheit

Erläuterung: Nur wer nachhaltigen Gleichmut gegenüber jeglichen eigenen besonderen Fähigkeiten bewahrt, bleibt wirklich frei.

3.51

स्थान्युपनिमन्त्रणे सङ्गस्मयाकरणं पुनरनिष्टप्रसङ्गात् ॥ ५१ ॥

sthānyupanimantraṇe saṅgasmayākaraṇaṃ punaraniṣṭaprasaṅgāt

Hochmut sowie die Verlockung von Ehrungen sind zu meiden, denn die Berührung mit dem Unerwünschten ist weiterhin möglich.

3.51	*sthāni-upanimantraṇe saṅga-smaya-akaraṇaṃ punaraniṣṭa-prasaṅgāt*
sthāni	große Stellen
upa	nahe
nimantraṇa	Einladung / Verlockung
saṅga	Kontakt
smaya	Hochmut / Selbstgefälligkeit
akaraṇa	nicht annehmen
puna	noch mal
an-iṣṭa	das Nichterwünschte
prasaṅgāt	aus der Berührung

Erläuterung: Jegliche Beachtung der eigenen besonderen Fähigkeiten, auch wenn sie nur durch die Bewunderung anderer zustande kommt, verringert die Kraft dieser Fähigkeiten.

3.52

क्षणतत्क्रमयोः संयमाद् विवेकजं ज्ञानम् ॥५२॥

kṣaṇatatkramayoḥ saṃyamād vivekajaṃ jñānam

Saṃyama [Versenkung] in Zeit und den Verlauf der Zeiteinheiten führt zu Wissen, welches aus innerer Klarheit kommt.

3.52	*kṣaṇa-tat kramayoḥ saṃyamāt vivekajaṃ jñānam*
kṣaṇa	die kleinste Zeiteinheit
tat	dessen
kramayoḥ	deren Sequenz
saṃyamāt	aus *Saṃyama* [Versenkung]
viveka	Unterscheidungsfähigkeit
vivekaja	aus *Viveka* kommend
jñāna	Wissen

Erläuterung: Die Fähigkeit, Sein von Schein zu unterscheiden, ergibt sich aus der Versenkung in das Thema Zeit.

3.53

जातिलक्षणदेशैरन्यतानवच्छेदात् तुल्ययोः
ततः प्रतिपत्तिः ॥५३॥

jātilakṣaṇadeśairanyatānavacchedāt tulyayoḥ tataḥ pratipattiḥ

Objekte, die wegen ihrer Ähnlichkeit zu anderen Objekten – in der Art, den Eigenschaften und der Örtlichkeit – keine Unterschiede aufweisen, werden differenziert erkannt.

3.53	*jāti-lakṣaṇa-deśaiḥ anyatā-anavacchedāt tulyayoḥ tataḥ pratipattiḥ*
jāti	Art / Spezies (Mensch, Tier, Pflanze usw.)
lakṣaṇa	Eigenschaft, woran etwas erkannt wird
deśa	Platz, wo es wahrgenommen wird
anyatā	unterschiedlich
anavacchedāt	obwohl kein Bruch / Unterschied besteht
tulyayoḥ	wegen der Ähnlichkeit
tataḥ	daraus
pratipatti	Erkennen / Wahrnehmung

Erläuterung: Die wirkliche Unterscheidungsfähigkeit kann auch merkmalfreie Dinge auseinander halten, die aufgrund ihres Gehaltes, ihrer Erscheinungsform oder des Ortes, an dem sie sich befinden, leicht verwechselbar sind.

3.54

तारकं सर्वविषयं सर्वथाविषयमक्रमं चेति विवेकजं ज्ञानम् ॥ ५४ ॥

tārakaṃ sarvaviṣayaṃ sarvathāviṣayamakramaṃ ceti vivekajaṃ jñānam

Solches Wissen, welches aus innerer Klarheit kommt, entsteht spontan und ohne aufeinander aufbauende Schritte. Es ist in Bezug auf alle Objekte da, zu jedem Zeitpunkt.

3.54	*tārakaṃ sarva-viṣayaṃ sarvathā-viṣayam akramaṃ ca iti vivekajaṃ jñānam*
tāraka	sternartig / kristallklar
sarva-viṣaya	alle Objekte
sarvathā-viṣaya	Objekte zu jedem Zeitpunkt
akrama	ohne *Krama* / ohne Schritte
ca	und
iti	so
viveka	Unterscheidungsfähigkeit
vivekaja	aus *Viveka* kommend
jñāna	Wissen

Erläuterung: Das aus solcher inneren Klarheit stammende, allumfassende und kontinuierliche Wissen benötigt keinen intellektuellen Beweis.

3.55

सत्त्वपुरुषयोः शुद्धिसाम्ये कैवल्यम् ॥ ५५ ॥

sattvapuruṣayoḥ śuddhisāmye kaivalyam

Hat sich die reinigende Wirkung von *Saṃyama* [der Versenkung] durchgesetzt, so dass das *Citta* [das meinende Selbst] die Ähnlichkeit zum *Puruṣa* [dem inneren Selbst] erlangt, so ist *Kaivalya* [die Freiheit] errungen.

3.55	*sattva-puruṣayoḥ śuddhi-sāmye kaivalyam*
sattva	*Citta* [das meinende Selbst]
sattva-puruṣayoḥ	von *Citta* und *Puruṣa* [dem inneren Selbst]
śuddhi	Reinigung
sāmya	Ähnlichkeit / Gleichheit
kaivalya	Freiheit

Erläuterung: Meditation gipfelt in der Erfahrung, in der Fühlen und Denken eins mit dem unsterblichen Wesenskern sind.

कैवल्यपादः
Kaivalya-Pāda
Die Befreiung

Zusammenfassung des 4. Kapitels

Veränderungen in unserer Persönlichkeit, die sich auf unser Leben positiv auswirken, sind uns im Allgemeinen bekannt. Können uns solche Veränderungen erhalten bleiben? Bleiben ihre Auswirkungen auch weiterhin positiv? Das vierte Kapitel heißt *Kaivalya-Pāda* und ist eine Darlegung über die Freiheit. Im vierten Kapitel legt das *Yogasūtra* die Merkmale fest, die eine standhaft positive Veränderung der Persönlichkeit auszeichnen.

Wer ist wirklich frei? (1–3)

Es wird Menschen geben, die von Geburt an beseelt zu sein scheinen, andere, die durch die heilsame Anwendung von Rauschmitteln ihr Bewusstsein beeinflussen, und wiederum andere, die sich durch die Auferlegung asketischer Aufgaben geistig läutern. Es wird aber auch Menschen geben, die aufgrund ihrer Erfahrung, die sie im Üben der Versenkung besitzen, ihre Unterscheidungsfähigkeit schulen und tiefe Erkenntnisse erlangen – so wie es in den letzten Kapiteln beschrieben wurde.

Eine wirklich tief greifende Veränderung der Wahrnehmung verlangt eine grundlegende Wandlung der Eigenschaften des *Citta* hin zur Fähigkeit, die erreichte geistige Ausrichtung und dadurch das mentale Gleichgewicht beizubehalten. Eine solche Veränderung erfordert Wandel auf sämtlichen Ebenen der Persönlichkeit. Intelligente Schleichwege sind keine vollendeten Mittel, weil es vom Werdegang abhängt, ob eine Veränderung allseitig und durchdringend ist. Verstand und Intelligenz, die notwendig sind, um die Veränderung wirkungsvoll voranzutreiben, spielen dabei nur eine begrenzte Rolle. Das ist ähnlich wie bei einem Bauer, der nach der Aussaat das Getreide gedeihen lässt und den Verstand anwendet, um bei Bedarf und zum jeweils günstigsten Zeitpunkt das Feld zu bewässern. Der Einfluss des Verstandes auf den Wachstumsvorgang ist eingeschränkt, denn allein die Zeit lässt einen Samen allmählich zur Pflanze auswachsen und diese schließlich reif zum Ernten werden. Deshalb ist es überlegenswert, ob den tiefen Veränderungen, die wir kennen, ein ganzheitlicher Entwicklungsprozess vorausgegangen ist.

Was zeichnet einen wirklich freien Menschen aus? (4–7)

Durch die im tiefen Wandel gewonnene Einsicht und Erkenntnis entstehen positive Einflüsse auf andere Menschen. Selbstverständlich werden diese Einflüsse immer nur der Veranlagung der empfangenden Person entsprechen. Aber wie nachhaltig wirken diese Einflüsse, was tragen sie zur Entwicklung des beeinflussten Menschen bei?

Hinsichtlich des Einflusses unterscheidet sich der Mensch, der den Weg der Versenkung gegangen ist und sich unmittelbare Unterscheidungsfähigkeit angeeignet hat, von demjenigen, der zwar viele Erkenntnisse erlangt hat, aber nicht wirklich gereift ist. Wer den Weg der Versenkung gegangen ist, ist der eigentliche Yogi. Sein Tun ist absichtslos. Gedanken wie »das ist falsch« oder »dies ist besser« werden seinem Beeinflussen nicht vorausgehen. Er will weder Schwarz noch Weiß. Er wirkt, ohne Einfluss ausüben zu wollen und ohne persönliche Motive. Nur allein ein solcher in vollkommener Absichtslosigkeit verankerter Einfluss wird eine nachhaltig positive Veränderung herbeiführen können.

Was erschwert die tiefe Veränderung der Persönlichkeit bis hin zu dieser Absichtslosigkeit? (8–9)

Es handelt sich immer wieder um den selben zentralen Vorgang. Unsere Erlebnisse, die von unseren Handlungen bestimmt sind, sind für uns erfreulich oder unerfreulich. Wir bekommen das Ergebnis zu spüren, werten unser Tun, verlieren unsere Neutralität, bilden uns eine Meinung und geraten so in den Bann unserer triebhaften Elemente, der *Kleśas*. Es ist ein langer Weg, bis wir den Einfluss der *Kleśas* endgültig abschütteln können, denn durch ihr Wirken gestalten unsere starken Handlungsneigungen, die angewöhnten *Saṃskāras*, unser gesamtes Tun und Denken gleich zu Anfang, am Punkt des Entstehens, mit. Wir müssen akzeptieren, dass wir die *Saṃskāras* nicht so rasch überwinden können. Auch wenn wir unser Leben grundlegend verändern, unseren Lebensstandort wechseln und viele Jahre vergehen, bleibt uns die Erinnerung an unsere Vergangenheit und damit an unsere persönlichen Neigungen und Abneigungen. Die *Saṃskāras*, die eng mit unserer Erinnerungsfähigkeit verknüpft sind, sind deshalb nicht leicht abzuschütteln. Selbst dann, wenn uns das anscheinend gelungen ist, bleibt zumindest ein Hauch ihres altbekannten Geruches (*Vāsanā*) hartnäckig zurück.

Wird es uns je gelingen, frei von Triebhaftigkeit zu werden? (10–11)

Es ist sehr schwierig zu begründen, warum wir überhaupt die Neigungen zur Verwechslung haben, wann sie in uns zu wirken begannen und wann sie enden werden. Ist es möglich, etwa den konkreten Wunsch nach ewigem Leben oder den Überlebensinstinkt zu begründen oder vom Denken her zu durchschauen? Die wichtige Frage ist folglich nicht die, woher diese Neigungen kommen oder wie sie beseitigt werden können, sondern was getan werden kann, damit sie nicht wirksam werden. Was ist zu tun, damit die »Gerüche« (*Vāsanās*) keine Gelegenheit bekommen, ihren Einfluss auszuüben?

Wollen wir vermeiden, dass wir unter den erneuten Einfluss der *Vāsanas* und damit in eine unglückliche Situation geraten, ist es notwendig, dass die *Vāsanas* weiterhin in einem unterschwelligen Ruhezustand verbleiben und unser Tun und Denken unbeeinflusst lassen. Dafür müssen wir die Zusammenkunft folgender vier Faktoren verhindern: (a) Wir unterliegen in unseren Beweggründen wieder jenem Irrtum, der zur Bildung unserer Gewohnheit geführt hat; (b) wir sind der festen Meinung, bestimmte Ergebnisse erwarten zu können; (c) wir sind in einer unruhigen Verfassung und (d) es wirken äußere Reize auf uns, die uns zu unserem alten Verhalten verleiten. Nur wenn alle diese vier Faktoren zusammenkommen, können sich problematische Folgen ergeben. Dass wir einem Irrtum unterliegen oder äußere Reize auf uns einwirken, können wir kaum beherrschen. Wir können jedoch Acht darauf geben, dass unser Geist ruhig bleibt und wir keine festgelegten Erwartungen hegen.

Ist es nicht möglich, die Triebe dauerhaft zu überwinden? (12–15)

Das *Yogasūtra* geht von einer Grundannahme aus, die Bestandteil vieler indischer philosophischer Systeme ist. Es ist das Prinzip des *Sat-Vāda* und *Pariṇāma-Vāda*. Nichts, was erscheint, ist Illusion, denn alles, was wir wahrnehmen, ist wahrhaftig *(Sat)*. Andererseits kann alles, was wir im Augenblick wahrnehmen, aus unserem Wahrnehmungsfeld verschwinden, und alles, was wir nicht wahrnehmen, in unserem Wahrnehmungsfeld auftauchen. Denn alles, was wir wahrnehmen, ist im Wandel begriffen (*Pariṇāma*). Beide Positionen haben Gültigkeit: Unsere Erfahrung ist real und insofern beachtenswert, sie ist unbeständig, insofern sollten wir ihr nicht zu viel Beachtung schenken.

Nichts kann ausgelöscht werden, aber alles kann die Gestalt, in der es erscheint, verändern. Die Vergangenheit ist nicht ausgelöscht, und die Zukunft ist schon jetzt als Keim vorhanden. Anders ausgedrückt ist in der Gegenwart sowohl die Vergangenheit als auch die Zukunft enthalten.

Die Kräfte, die diesen Bewegungen und Veränderungen jeweils eine Richtung geben, sind die drei Grundeigenschaften (*Guṇa*). Dazu gehört *Rajas*, die Kraft, die nach vorne oder aufwärts treibt, *Tamas*, die Kraft, die nach hinten oder abwärts treibt, und *Sattva*, die Kraft, die das Gleichgewicht hält und keiner der anderen beiden Kräfte die Oberhand lässt. Es sind diese drei Kräfte, die das Werden, Vergehen und Sein bestimmen, die sich jeweils hinter der Erregung, dem Desinteresse und der Wachsamkeit bezüglich einer Situation verbergen.

Jeder Gegenstand, jedes Thema und jeder Zustand ist eine eigene Zusammensetzung dieser Grundeigenschaften (*Guṇa*). Ebenso auch der Geist und jede seiner Ausrichtungen. Alles tritt auf jene Art in Erscheinung, in der die drei *Guṇa* jeweils zusammenwirken.

Auch die Wahrnehmung unterliegt dem Zusammenspiel der Grundeigenschaften (*Guṇa*). Je nach Ausrichtung unseres Geistes wird sich ein Gegenstand, ein Thema oder auch ein Zustand in einer bestimmten Weise präsentieren oder auch unsichtbar bleiben. Bei Änderung der Ausrichtung präsentiert sich der gleiche Gegenstand, das Thema oder der Zustand unserem Geist völlig anders. Was für das verspielte Kind ein Spielzeug ist, wird für dasselbe Kind zur Waffe, bekommt es einen Wutanfall. Für den Schreiner dagegen tritt das Spielzeug hinter dem Holz zurück, aus dem es besteht, und der Verkäufer sieht in ihm eine Ware mit einem Wert. Wahrnehmungen werden immer subjektiv bleiben, Triebe können nicht ausgelöscht werden. Aber sie werden nur unter bestimmten Bedingungen wirksam, die der Wahrnehmende erst bieten muss.

Bedeutet diese relative Sicht der Wahrheit, dass alles nur ein Trugbild ist, geschmiedet von unserem *Citta?* (16–17)

Natürlich handelt es sich hier nicht generell um Trugbilder, welche das *Citta* produziert. Das »Relative« an der Wahrnehmung ist das Ergebnis der ständigen Wandlungen des *Citta*. Man kann die relative Wahrnehmung nicht einfach als Trugbild abtun. Das, was nicht mehr erscheint, kann jederzeit wieder in Erscheinung treten, und wenn es vor uns nicht erscheint, so könnte es doch vor jemand anderem erscheinen. Das hängt lediglich damit zusammen, ob wir ein bewusstes oder unbewusstes Interesse daran haben, es überhaupt wahrzunehmen, und ob äußere Voraussetzungen wie genügend Licht, ausreichende Größe und passender Abstand des Objektes zu uns erfüllt sind.

So wird verständlich, dass so ziemlich alles auf der Welt – Gegenstände, Themen, Zustände – auftreten und auch wahrgenommen werden kann, solange bei uns die entsprechende Bereitschaft zur Wahrnehmung vorhanden ist. Das gilt sowohl für das Angenehme als auch für das Unangenehme.

Gibt es denn Kontinuität in der Wahrnehmung? (18–19)

Ein Aufseher, der seine Warte ständig verlässt, kann keinen Überblick über das Geschehen behalten, das er beaufsichtigen soll. Nur wenn er standhaft und beharrlich auf seinem Posten bleibt, wird er die Übersicht behalten und so das Gesamtgeschehen erfassen. Eine solche Erkenntnis der uns umgebenden Dinge kann nicht von *Citta* ausgehen, das immer veränderbar ist und seinen Standpunkt beständig wechselt. Wenn überhaupt alles, was mit uns und um uns herum geschieht, dauerhaft erkannt werden kann, dann muss es von einer Instanz erkannt werden, die unverändert ihren Platz bewahrt. Gehen wir der Frage nach solch einer Instanz nach, so stoßen wir auf eine Gegebenheit, die uns zeigt, dass doch etwas unaufhörlich unser Wahrnehmungsfeld beobachtet, denn wir nehmen jederzeit das Pochen der Gedankenbilder – die Aktivität des *Citta* – wahr. Folglich gehört das *Citta* zur Welt des Wahrnehmbaren (*Dṛśya*), wird also wahrgenommen und nimmt selbst nicht wahr. Wer aber ist in der Lage, diese Aktivitäten des *Citta* fortdauernd zu betrachten?

Unser Leben stellt trotz vieler Wechsel in unserer Biographie eine ununterbrochene Kontinuität dar. Wir erleben uns und unser Wesen als gleich bleibend, egal welchen Zeitpunkt unserer Lebensgeschichte wir betrachten. Diese Wahrnehmung der Kontinuität ist nicht vom Wandel der Zeit beeinflusst oder durch die Vergänglichkeit aller Dinge beeinträchtigt. Der standhafte tiefe Punkt, von dem aus wir den bewegten Teil unseres Wesens überschauen, ist unser unvergängliches Selbst, der *Draṣṭā*. Ausgehend von diesem tiefen Punkt wird selbst das *Citta* zum Gegenstand der Betrachtung.

Ist es nicht verwirrend, von zwei Wesen zu sprechen, da wir doch eine Wesenseinheit sind? (20–24)

Ist es möglich, dass beispielsweise eine Kamera das Bild von einem Gegenstand liefert und gleichzeitig auch eines von sich selbst? Kann das sehende Organ Auge sich selbst sehen? Nein, denn diese beiden vom Wesen her unterschiedlichen Funktionen können nicht von einer Instanz gleichzeitig erfüllt werden. Die Aufgaben von *Draṣṭā*, dem seienden Selbst, und *Citta*, dem meinenden Selbst, trennen sich in ähnlicher Weise.

Manche beharren darauf, dass es sich um ein Wesen handelt, das sich in geläutertem Zustand bei jeder Wahrnehmung erneuert und deshalb in der Lage ist, ohne voreingenommen zu sein, wahrzunehmen. So hätten wir es nicht mit zwei Wesen zu tun, sondern mit ein und demselben Wesen, das sich ständig häutet und erneuert. Dieser Standpunkt ist schwer anzunehmen. Würde es nicht bedeuten, dass unsere Erinnerungsfähigkeit durcheinander geriete und dass unsere Erkenntnisse sich nicht gegenseitig ergänzen und befruchten könnten?

Citta ist im eigentlichen Sinne gar kein »Wesen«, da es nicht die Einheit zur Eigenschaft hat, die wir als Charakter jedes tiefen Wesens suchen. Es ist leicht veränderbar. Es ist lediglich ein Instrument. Seine Aufgabe liegt einzig darin, dass es sich in der Nähe von *Draṣṭā* (dem sehenden Selbst) und *Dṛśya* (dem Gegenstand) befindet und dadurch die Wahrnehmung anregt. Es kann nie alleine wirken. Dadurch, dass in ihm all unsere *Saṃskāras* und *Vāsanas* (die Gerüche von Vergangenem) verankert sind, bekommt es viel Farbe und den Anschein, lebendig zu sein. Im Grunde aber bleibt es ohne jegliche Selbstständigkeit, abhängig, gebunden an die wahrnehmende Instanz als Vermittler der Wahrnehmung.

Im Gegensatz dazu ist *Draṣṭā* unveränderlich und behält für immer seinen konstanten Standpunkt, von dem aus das gesamte bewegte Geschehen im und um das Leben aufgenommen wird. Trotz der Aufnahme des Bewegten wird er selbst nicht bewegt. Wenn das *Citta*, das Bewegte, sich zur Ruhe setzt und seine Aktivitäten nichts Äußerliches vermitteln, wird es zu einem Spiegel, in dem *Draṣṭā*, das sehende Selbst, sich reflektiert sieht. Zum Zeitpunkt dieser Erfahrung ist das *Citta* fast so unbewegt wie *Draṣṭā*. Diese »Selbst-Erfahrung« ist eine Einheitserfahrung. Sie stellt einen Höhepunkt in der Entwicklung unserer Erkenntnis dar.

Was wird das Ergebnis einer solchen tiefen Erkenntnis sein? (25–28)

Diese Erkenntnis entsteht nur in einem beruhigten Geist. Der Mensch, der solche »Selbst«-Erkenntnis gewinnt, hat keine Sehnsucht mehr nach Erkenntnis, keinen Wunsch mehr nach »Selbst«-Erfahrung. Seine geistige Aktivität ist nicht triebhaft, also ist seine Wahrnehmung nicht getrübt. Daher bleibt ihm die Unterscheidungsfähigkeit stets erhalten. Er entwickelt sich unweigerlich weiter bis zu wirklicher innerer Freiheit.

Selbstverständlich kann diese Entwicklung beeinträchtigt werden oder sogar rückwärts verlaufen, wenn das veränderbare *Citta*, bedingt durch das ungünstige Zusammentreffen verschiedener Faktoren, nachteilige Tendenzen zutage fördert. Insofern werden die Mittel des Yoga auch weiterhin notwendig sein, um die positive Entwicklung zu fördern oder zu wahren.

Wie ist jener Zustand, in dem es für den Yogi keinen Rückfall mehr gibt? (29–34)

Gleichmut (*Vairāgya*) herrscht so vollkommen, dass die Fähigkeiten und Kenntnisse, über die der Weise verfügt, ihn nicht zu ihrem Missbrauch verleiten. Sein Geist ist klar, und er kann in allen Situationen die Spreu vom Weizen trennen, das Wirkliche vom Schein unterscheiden sowie die Stimme des *Draṣṭā* von der des *Citta*. Diese vollkommene Erkenntnis ist gleich satten, dunklen Wolken, die mit Gewissheit Regen bringen und alles tränken, worauf ihre Tropfen fallen. Das Feuer solcher Erkenntnis ist so intensiv, dass die verzerrenden *Kleśas* keinerlei Einfluss mehr haben und keinerlei Schleier mehr den *Draṣṭā* verhüllen. Das Erlangen von Wissen oder auch das Aneignen von Fähigkeiten oder Gegenständen ist nicht mehr von Bedeutung, da das Höchste erreicht wurde. Der Mensch, der in diesen Zustand gelangt, steht nicht mehr unter dem Druck von Aufgaben, die er zu erfüllen, und Zielen, die er zu erreichen hat.

Diese Entwicklung ruft ein neues Phänomen ins Leben: Sie verändert wesentlich die Funktionsweise der drei Grundeigenschaften (*Guṇa*). Diese sind nicht mehr so stark bewegt wie früher und verändern folglich das Befinden des Menschen kaum noch. Der Mensch kommt in einen Zustand des Einklangs, in dem für ihn die Zeit stillsteht. Die Einflüsse der Zeit beeinträchtigen ihn nicht mehr so wie zuvor. Die Zeit wird ihn weder in frühere Zustände zurückwerfen noch ihn zu neuen führen. Er wahrt seine Wandlung, es gibt für ihn keinen weiteren Zustand mehr zu erlangen.

Zusammenfassend lassen sich diese Auswirkungen so beschreiben: Für den entwickelten Menschen sind alle menschlichen Ziele erreicht, er strebt nichts Weiteres mehr an. Seine Wandelbarkeit ist auf das Geringste reduziert, so dass sein Leben im Gleichklang verläuft. Sein innerstes Wesen leuchtet unverhüllt hervor – das ist wirkliche Freiheit.

4.1

जन्मौषधिमन्त्रतपस्समाधिजाः सिद्धयः ॥१॥

janmauṣadhimantratapassamādhijāḥ siddhayaḥ

Übernatürliche Kräfte können angeboren sein oder durch Heilpflanzen, Rezitation, Askese oder den Yogaweg erworben werden.

4.1	*janma-oṣadhi-mantra-tapaḥ-samādhijāḥ siddhayaḥ*
siddhi	übernatürliche Kraft
janma	Geburt / Herkunft
oṣadhi	Heilpflanze
mantra	die Anwendung von Mantras
tapas	Askese / Kasteiung
sāmadhi	(bezieht sich auf den) Yogaweg
jā	geboren aus

Erläuterung: Menschen kommen zu klaren Erkenntnissen durch ihre Veranlagung, durch gezielte Aufnahme von Speisen und Kräutern, durch Trance herbeiführendes Rezitieren, durch asketische Läuterungsprozesse und durch den Yogaweg.

4.2

जात्यन्तरपरिणामः प्रकृत्यापूरात् ॥ २ ॥

jātyantarapariṇāmaḥ prakṛtyāpūrāt

Die vollkommene Verwandlung eines Wesens tritt erst ein, wenn das Stoffliche (seine Materie) auch vollkommen gereift ist.

4.2	*jātyantara-pariṇāmaḥ prakṛti-āpūrāt*
jāti	Qualität / Wesen / Art
antara	andere / innere
pariṇāma	Verwandlung
prakṛti	Materie
āpūra	Vervollkommnung

Erläuterung: Das Heranreifen zu einer tiefen geistigen Verwandlung bedarf eines umfassenden Wandels des gesamten Menschen.

4.3

निमित्तमप्रयोजकं प्रकृतीनां वरणभेदस्तु ततः क्षेत्रिकवत् ॥ ३ ॥

nimittamaprayojakaṃ prakṛtīnāṃ varaṇabhedastu tataḥ kṣetrikavat

Der Reifeprozess kann durch den Willen nicht beschleunigt werden – es ist wie bei einem Bauern, der (wenn er die Bewässerung beschleunigt, das Getreide nicht früher ernten kann, sondern) erst dann, wenn die Zeit reif ist, die Schleuse öffnet.

4.3	*nimittam aprayojakaṃ prakṛtīnāṃ varaṇa-bhedastu tataḥ kṣetrikavat*
nimitta	Verstand / Intellekt / Wille
a-prayojaka	nicht zutreffend / nicht passend / nicht wirkungsvoll
prakṛtīnāṃ	von der Materie
tataḥ	daraus / ähnlich wie
kṣetrikavat	dem Bauern ähnlich
varaṇa	die Feldumrandung, die das Wasser hält
bheda	Unterschied, Bruch

Erläuterung: Die Schulung des Fühlens und Denkens kann den Reifeprozess nicht ersetzen, auch bei besten Wachstumsbedingungen braucht die Natur Zeit zur Entfaltung.

4.4

निर्माणचित्तान्यस्मितामात्रात् ॥ ४ ॥

nirmāṇacittānyasmitāmātrāt

Nur im Zustand der Einheit erwächst die Fähigkeit, das *Citta* [das meinende Selbst] völlig zu erneuern (zu beeinflussen).

4.4	*nirmāṇa-cittāni asmitā-mātrāt*
nirmāṇa	Transformation / Kreierung / Erneuerung
cittāni	(Mehrzahl von) *Citta* [des meinenden Selbst]
asmitā	Einheitszustand
mātrāt	allein daraus

Erläuterung: Fühlen und Denken werden erst in der tiefen Meditationserfahrung geläutert.

4.5

प्रवृत्तिभेदे प्रयोजकं चित्तमेकमनेकेषाम् ॥ ५ ॥

pravṛttibhede prayojakaṃ cittamekamanekeṣām

Die Beeinflussungen entsprechen den Möglichkeiten, die die einzelnen beeinflussten *Citta* von ihrer Natur her haben.

4.5	*pravṛtti-bhede prayojakaṃ cittam ekam anekeṣām*
pravṛtti	*Cittavṛtti* [die Aktivitäten des *Citta*]; die innere Dynamik / die Natur des *Citta*
bheda	Unterschied
prayojaka citta	das wirkende *Citta*
ekam	das eine [*Citta*]
anekeṣām	aus den anderen (bewirkten *Citta)*

Erläuterung: Auch der durchgreifende Wandel unseres Wesens wird von den Möglichkeiten bedingt, die unserem Wesen innewohnen.

4.6

तत्र ध्यानजमनाशयम् ॥ ६ ॥

tatra dhyānajamanāśayam

Allein die Transformation, die durch die tief greifende Auswirkung des Yogawegs eingeleitet ist, bleibt unumkehrbar und frei von Bedingungen.

4.6	*tatra dhyānajam anāśayam*
tatra	darin
dhyāna-ja	entstanden aus *Dhyānam* [dem stillen Reflektieren]
aśāya	das Sediment / das Überbleibsel, das eine Spur hinterlässt
anaśāya	frei von Bedingungen

Erläuterung: Allein die Läuterung, die sich aus dem Meditationsprozess ergibt, prägt den Geist nachhaltig.

4.7

कर्माशुक्लाकृष्णं योगिनस्त्रिविधमितरेषाम् ॥ ७॥

karmāśuklākṛṣṇaṃ yoginastrividhamitareṣām

Die Handlungen des Yogi sind weder schwarz noch weiß. Die Handlungen anderer sind dreierlei (schwarzweiß oder nur weiß oder nur schwarz).

4.7	*karma-aśukla-akṛṣṇaṃ yoginaḥ trividham itareṣām*
aśukla	nicht weiß
akṛṣṇa	nicht schwarz
karma	Handlung
yoginaḥ	die Yogis
itareṣām	von den anderen
tri-vidha	dreierlei

Erläuterung: Die Gefühle und die Gedanken des Yogi sind frei von äußerer Färbung.

4.8

ततस्तद्विपाकानुगुणानामेवाभिव्यक्तिर्वासनानाम् ॥ ८ ॥

tatastadvipākānuguṇānāmevābhivyaktirvāsanānām

Entsprechend den Einflüssen, die solche Handlungen (die zu diesen drei Arten gehören) haben, entstehen *Vāsanas*, subtile Triebe, die in uns weit zurückliegende Neigungen wachrufen.

4.8	*tataḥ tad-vipāka-anuguṇānām eva abhivyaktiḥ vāsanānām*
tataḥ	dann
tat	daraus
vipāka	Ergebnis
guṇa	Eigenschaft
anuguṇa	basierend auf der Art / Eigenschaft
eva	nur so
abhivyakti	auftauchen
vāsanā	(wörtlich) Geruch / subtile Triebe

Erläuterung: Taten, die dem Eigennutz entspringen, wecken uralte, für überwunden gehaltene Triebe und Neigungen.

4.9

जातिदेशकालव्यवहितानामप्यानन्तर्यं
स्मृतिसंस्कारयोरेकरूपत्वात् ॥ ९ ॥

jātideśakālavyavahitānāmapyānantaryaṃ smṛtisaṃskārayorekarūpatvāt

Die *Vāsanās* [die subtilen Triebe] sind wirksam, obwohl die ursprünglichen Handlungen (die zur Bildung der subtilen Triebe beitrugen) in einem anderen Zusammenhang, an einem anderen Ort und zu einem anderen Zeitpunkt stattfanden, weil Erinnerung und *Saṃskāra* ähnliche Kräfte sind.

4.9	*jāti-deśa-kāla-vyavahitānām api ānantaryaṃ smṛti-saṃskārayoḥ eka-rūpatvāt*
jāti	Qualität / Art / Kontext
deśa	Ort
kāla	Zeit
vyavahita	Bruch
-ānām	von ihnen
api	trotzdem
ānantarya	Kontinuität
smṛti	Erinnerung
saṃskāra	die erworbenen Neigungen, die unser Tun beeinflussen
-yoḥ	von ihnen beiden
ekarūpa	eine Form

Erläuterung: Neigungen sind wie Spuren alter Erinnerungen und bleiben trotz aller zeitlichen und räumlichen Veränderungen erhalten.

4.10

तासामनादित्वं चाशिषो नित्यत्वात् ॥१०॥

tāsāmanāditvaṃ cāśiṣo nityatvāt

Die *Vāsanās* [subtilen Triebe], die vergangene Erinnerungen und Neigungen wachrufen, sind ursprungslos, so wie der innere Wunsch jedes Lebewesens, unsterblich zu sein.

4.10	*tāsām anāditvaṃ ca āśiṣaḥ nityatvāt*
tāsām	von den *Vāsanās* [den subtilen Trieben]
anādi	ohne Ursprung
ca	und
āśiṣa	Wunsch nach dem Sein
nitya	ewig

Erläuterung: Neigungen sind ebenso wenig wie der Überlebensinstinkt zeitbedingt.

4.11

हेतुफलाश्रयालम्बनैः संगृहीतत्वादेषामभावे तदभावः ॥ ११ ॥

hetuphalāśrayālambanaiḥ saṅgṛhītatvādeṣāmabhāve tadabhāvaḥ

Nur wenn vier Faktoren zusammenkommen, werden durch die *Vāsanās* [die subtilen Triebe] die alten Situationen wachgerufen – die Dominanz der *Kleśas* [der störenden Kräfte] in uns, unsere Erwartungshaltung beim Handeln, ein unruhiger Zustand unseres *Citta* [des meinenden Selbst] und äußere Anreize. Wenn *Vāsanās* [die subtilen Triebe] nicht wirksam werden sollen, dürfen diese vier Faktoren nicht zusammentreffen.

4.11	*hetu-phala-āśraya-ālambanaiḥ saṅgṛhītatvāt eṣām abhāve tad-abhāvaḥ*
hetu	Ursache, *Avidyā* [die Verwechslung] / *Kleśa* [die störenden Kräfte]
phala	(unsere Anbindung an) Ergebnis
āśraya	das, worauf es beruht (ein unruhiger Zustand des *Citta*)
ālambana	Stütze / äußere Anregung / Erinnerung
saṅgṛhītva	zusammengehalten durch
eṣām	deren
abhāva	Nicht-Sein
tat	von (*Vāsanās* [subtilen Trieben])

Erläuterung: Wer das mentale Gleichgewicht wahrt, dem Eigennutz bewusst entgegenwirkt und Reizsituationen vermeidet, unterbindet das Wachwerden uralter Neigungen.

4.12

अतीतानागतं स्वरूपतोऽस्त्यध्वभेदाद् धर्माणाम् ॥ १२ ॥

atītānāgataṃ svarūpato'styadhvabhedād dharmāṇām

Die vergangenen Situationen und die Situationen, in denen wir künftig sein werden, sind alle in der gegenwärtigen Situation enthalten. Die scheinbare Einzigartigkeit einer Situation hängt mit der Unterschiedlichkeit der jeweiligen Ausrichtung unseres Geistes zusammen.

4.12	*atīta-anāgataṃ sva-rūpataḥ asti adhva-bhedāt dharmāṇām*
atīta	vergangene (Situation)
anāgata	noch nicht geschehene (Situation)
svarūpata	von der eigenen Natur her
asti	sind / bleiben (gegenwärtig)
adhva	Weg / Vorhaben / Ausrichtung
bhedāt	wegen der Unterschiedlichkeit
dharma	innere Eigenschaften / das Wesen / innere Aufgabe
dharmāṇām	von diesem *Dharma*

Erläuterung: Vergangenheit und Zukunft spiegeln sich entsprechend der einzelnen Wesen in der Gegenwart wieder.

4.13

ते व्यक्तसूक्ष्मा गुणात्मानः ॥ १३ ॥

te vyaktasūkṣmā guṇātmānaḥ

Manche wesentlichen Merkmale von Situationen oder Objekten treten auf erkennbare Weise hervor, während andere subtil (und dadurch schwer erkennbar) sind. Das hängt mit der Natur der *Guṇa* [Grundeigenschaften] zusammen.

4.13	*te vyakta-sūkṣmāḥ guṇa-ātmānaḥ*
te	diese wesentlichen Merkmale
vyakta	offensichtlich / leicht erkennbar
sūkṣma	subtil / schwer erkennbar
ātmānaḥ	abhängig von der Natur
guṇāḥ	die drei Grundeigenschaften der gesamten Materie (Licht, Bewegung und Ruhe)

Erläuterung: Die Art, in der die Vergangenheit die Gegenwart beeinflusst, hängt von der Qualität des Fühlens und Denkens ab.

4.14

परिणामैकत्वाद् वस्तुतत्त्वम् ॥१४॥

pariṇāmaikatvād vastutattvam

Das Besondere an jedem Objekt ist die einzigartige und veränderbare Anordnung der drei *Guṇa* [Grundeigenschaften].

4.14	*pariṇāma-ekatvāt vastu-tattvam*
vastu	Objekt
tattva	Wahrheit / Essenz / Besonderheit
pariṇāma	eine vorübergehende Erscheinung (der drei *Guṇa*)
ekatvāt	aus der Einzigartigkeit

Erläuterung: Jedes Objekt und jede Begebenheit ist eine Erscheinung im Wandel.

4.15

वस्तुसाम्ये चित्तभेदात्तयोर्विभक्तः पन्थाः ॥ १५ ॥

vastusāmye cittabhedāttayorvibhaktaḥ panthāḥ

In unterschiedlichen Situationen geht das *Citta* [das meinende Selbst] auf unterschiedliche Weise auf dasselbe Objekt zu, und so entstehen unterschiedliche Wahrnehmungen ein und desselben Objektes.

4.15	*vastu-sāmye citta-bhedāt tayoḥ vibhaktaḥ panthāḥ*
vastu	Objekt
sāmye	bei gleich bleibender Perspektive
cittabhedāt	wegen dieser Unterschiedlichkeit der *Citta* (oder, weil dasselbe *Citta* zu verschiedenen Zeiten anders zusammengesetzt ist)
tayoḥ	deren
vibhakta	unterschiedliche
panthāḥ	Wege / Annäherungen

Erläuterung: Das Erscheinungsbild eines jeden Objektes und jeder Begebenheit hängt von den individuellen Gefühlen und Gedanken ab.

4.16

न चैकचित्ततन्त्रं चेद्वस्तु तदप्रमाणकं तदा किं स्यात् ॥१६॥

na caikacittatantraṃ cedvastu tadapramāṇakaṃ tadā kiṃ syāt

Es soll deshalb nicht vermutet werden, dass die wahrgenommenen Objekte lediglich Einbildungen des *Citta* [des meinenden Selbst] sind: Verschwindet etwa ein Objekt, wenn es überhaupt nicht wahrgenommen wird?

4.16	*na ca eka-citta-tantraṃ cet vastu tat-apramāṇakaṃ tadā kiṃ syāt*
na	nicht
ca	und
eka	eine
citta	des *Citta* [des meinenden Selbst]
tantra	Fertigkeit / Trick
cet	ist
vastu	Objekt
tat	dessen
a-pramāṇaka	Nicht-Wahrnehmen
tadā	danach
kiṃ	was
syāt	könnte sein / könnte geschehen

Erläuterung: Alles Weltliche ist wirklich, auch wenn sein Erscheinungsbild von individuellen Gefühlen und Gedanken abhängt und unbeständig ist.

4.17

तदुपरागापेक्षित्वात् चित्तस्य वस्तुज्ञाताज्ञातम् ॥ १७ ॥

taduparāgāpekṣitvāt Cittaya vastujñātājñātam

Ob ein Objekt wahrgenommen oder nicht wahrgenommen wird, hängt davon ab, ob das Objekt auffallend genug ist und ob bei uns die Bereitschaft vorhanden ist, es zu sehen.

4.17	*tat-uparāga-apekṣitvāt Cittaya vastu-jñāta-ajñātam*
tat	des Objektes
uparāga	nahe sein und erregen
apekṣitvāt	aus der Erwartung / Hoffnung
Cittaya	des *Citta* [des meinenden Selbst]
jñāta	das Erkennen
vastu	Objekt
a-jñāta	das Nicht-Erkennen

Erläuterung: Dass etwas in Erscheinung tritt, beweist nicht dessen Wahrhaftigkeit, sondern lediglich, dass es in wahrnehmbare Nähe gerückt ist und dass bei uns ein Reiz für dessen Wahrnehmung besteht.

4.18

सदा ज्ञाताश्चित्तवृत्तयस्तत्प्रभोः पुरुषस्यापरिणामित्वात् ॥ १८ ॥

sadā jñātāścittavṛttayastatprabhoḥ puruṣasyāpariṇāmitvāt

Der *Puruṣa* [das innere Selbst; *Draṣṭā*] hat aufgrund seiner Unveränderlichkeit eine gleich bleibende Erkenntnismöglichkeit über die Bewegungen im *Citta* [im meinenden Selbst] und ist folglich Herr über diese Bewegungen.

4.18	*sadā-jñātāḥ citta-vṛttayaḥ tat-prabhoḥ puruṣasya apariṇāmitvāt*
sadā	immer
jñātāḥ	ist gewiss / erkennend
cittavṛttayaḥ	die *Citta-Vṛttis* [die Aktivitäten *Citta*]
tat	deren
prabhu	Meister / Gebieter
puruṣasya	des *Puruṣas* [des inneren Selbst; des *Draṣṭā*]
a-pariṇāmitvam	die Nicht-Veränderbarkeit

Erläuterung: Das Konstante, das sowohl die Erscheinungsbilder der Welt als auch die Gefühle und Gedanken, von denen diese Erscheinungsbilder abhängen, sieht, ist der unsterbliche Wesenskern.

4.19

न तत्स्वाभासं दृश्यत्वात् ॥१९॥

na tatsvābhāsaṃ dṛśyatvāt

Da das sich bewegende *Citta* auch ein wahrnehmbares Objekt ist, ist es nicht selbst wahrnehmend (lichtspendend).

4.19	*na tat-svābhāsaṃ dṛśyatvāt*
na	nicht
tat	dessen (des *Citta*, des meinenden Selbst)
svā-bhāsa	selbst-leuchtend
dṛśyatvam	das Wahrnehmbarsein / das Objeksein

Erläuterung: Gefühle und Gedanken sind keine wahrnehmenden Kräfte, sondern Kräfte, die wahrgenommen werden.

4.20

एकसमये चोभयानवधारणम् ॥ २० ॥

ekasamaye cobhayānavadhāraṇam

Denn in einem Augenblick können nicht beide Aufgaben erfüllt werden (in Bewegung sein und dabei diese Bewegungen genau erkennen, ein äußeres Objekt begreifen und gleichzeitig sich selbst bei dieser Tätigkeit begreifen).

4.20	*eka-samaye ca ubhaya-anavadhāraṇam*
eka	ein
samaye	in der Situation / im Augenblick
ca	und
ubhaya	beide
avadhāraṇa	begreifen
an-avadhāraṇa	nicht begreifen

Erläuterung: Das Wahrgenommene kann nicht zugleich der Wahrnehmende sein, der Wahrnehmende kann nicht jenes veränderliche Selbst sein, das betrachtet wird.

4.21

चित्तान्तरदृश्ये बुद्धिबुद्धेरतिप्रसङ्गः स्मृतिसंकरश्च ॥ २१ ॥

cittāntaradṛśye buddhibuddheratiprasaṅgaḥ smṛtisaṅkaraśca

Es handelt sich aber auch nicht um zwei unterschiedliche *Citta*, das Begreifende und das Begriffene. Wenn das so wäre, gäbe es keine Übereinkunft von Wissen zwischen den beiden sich verändernden *Citta,* und es würde Verwirrung in der Erinnerungsfähigkeit daraus resultieren.

4.21	*citta-antara-dṛśye buddhi-buddheḥ atiprasaṅgaḥ smṛti-saṅkaraḥ ca*
citta-antara	unterschiedliches *Citta* [meinendes Selbst]
dṛśye	gesehen durch
buddhi	das Wissende
buddheḥ	das, worüber Wissen entsteht
atiprasaṅga	unstimmige Verbindung
smṛti	Erinnerung
saṅkara	Vermischung / Verwirrung
ca	und

Erläuterung: Wären Gefühle und Gedanken wahrnehmende Kräfte, würde es unter den Erkenntnissen, die zu verschiedenen Zeitpunkten entstehen, keine Übereinkunft geben, da Gefühle und Gedanken sich verändernde Kräfte sind.

4.22

चितेरप्रतिसंक्रमायास्तदाकारापत्तौ स्वबुद्धिसंवेदनम् ॥ २२ ॥

citerapratisaṅkramāyāstadākārāpattau svabuddhisaṃvedanam

Cit, der Erkennende (*Puruṣa; Draṣṭā*), bleibt in der eigenen Qualität erhalten, weil er sich nicht mit der Außenwelt verwickelt, und sieht allmählich die eigene Erkenntnisfähigkeit reflektiert im vermittelnden *Citta*.

4.22	*citeḥ aprati-saṅkramāyāḥ tat-ākāra-āpattau sva-buddhi-saṃ-vedanam*
citeḥ	von *Cit* [Erkennende] *(Puruṣa; Draṣṭā)*
saṅkrama	Zusammenkunft
aprati-saṅkrama	nicht gegenseitig begegnen / sich nicht verwickeln
tat	des *Puruṣa* [des inneren Selbst] / des *Draṣṭā* [des sehenden Selbst]
ākāra	Form / Ausdruck
āpatti	erreichen
sva-buddhi	eigene Erkenntnisfähigkeit
saṃ-vedana	genaues Wissen

Erläuterung: Der unsterbliche, unveränderliche Kern unseres Selbst erkennt unberührt alle Gefühle und Gedanken, dadurch sieht er sich selbst in ihnen reflektiert.

4.23

द्रष्टृदृश्योपरक्तं चित्तं सर्वार्थम् ॥ २३ ॥

draṣṭṛdṛśyoparaktaṃ cittaṃ sarvārtham

Die gesamte Aufgabe des *Citta* [des meinenden Selbst] besteht darin, nahe sowohl beim äußeren Objekt als auch beim *Draṣṭā* [dem sehenden Selbst] zu sein und die Wahrnehmung anzuregen.

4.23	*draṣṭṛ-dṛśya-uparaktaṃ cittaṃ sarva-artham*
draṣṭṛ	*Draṣṭā* [das sehende Selbst]
dṛśya	das Objekt
upa	nahe
rakta	anregen
sarva	gesamt
artha	der Sinn

Erläuterung: Fühlen und Denken regen den unsterblichen Wesenskern zur Wahrnehmung und die Objekte zum Wahrgenommenwerden an.

4.24

तदसंख्येयवासनाभिश्चित्रमपि परार्थं संहत्यकारित्वात् ॥ २४ ॥

tadasaṃkhyeyavāsanābhiścitramapi parārthaṃ saṃhatyakāritvāt

Citta [das meinende Selbst] ist nicht selbstständig, obwohl es durch die unzähligen bunten *Vāsanās* [subtilen Triebe] die Wahrnehmung beeinflusst, denn es wirkt nur im Zusammenhang mit den anderen (*Draṣṭā*, dem sehenden Selbst, und *Dṛśyam,* dem Objekt).

4.24	*tat-asaṃkhyeya-vāsanābhiḥ citram api para-arthaṃ saṃhatya-kāritvāt*
tad	es (*Citta* [das meinende Selbst])
a-saṅkhyeya	un-zählbar
vāsanābhiḥ	durch *Vāsanās* [subtile Triebe]
citra	bunt
api	auch / trotzdem
parārtha	dient einem anderen / ist nicht selbstständig
saṃhatya	in Zusammenhang
kāritva	wirkend

Erläuterung: Gefühle und Gedanken sind unselbstständig. Sie beeinflussen zwar die Wahrnehmung, aber sie wirken nur durch die Anregung von Objekten, die durch sie wahrgenommen werden.

4.25

विशेषदर्शिन आत्मभावभावनानिवृत्तिः ॥ २५ ॥

viśeṣadarśina ātmabhāvabhāvanānivṛttiḥ

Für den, der diese besondere Erkenntnis erlangt hat, hört der Wunsch nach Selbsterkenntnis auf.

4.25	*viśeṣa-darśinaḥ ātma-bhāva-bhāvanā-nivṛttiḥ*
darśinaḥ	für den, der sieht
viśeṣa	das besondere (Sehen)
ātma-bhāva	die Natur des Selbst
bhāvanā	die konstante Beschäftigung mit dieser Frage
nivṛtti	Beendigung

Erläuterung: Wer den unveränderlichen Kern des Selbst erkannt hat, hat kein Verlangen mehr nach Selbsterkenntnis.

4.26

तदा विवेकनिम्नं कैवल्यप्राग्भारं चित्तम् ॥ २६ ॥

tadā vivekanimnaṃ kaivalyaprāgbhāraṃ cittam

Dann wird *Viveka*, die Unterscheidungsfähigkeit zwischen Wirklichkeit und Schein, vertieft, und *Citta* [das meinende Selbst] neigt dazu, *Kaivalyaṃ*, der inneren Freiheit, zu dienen.

4.26	*tadā viveka-nimnaṃ kaivalya-prāk-bhāraṃ cittam*
tadā	dann
viveka	Unterscheidungsfähigkeit (zwischen Wirklichkeit und Schein)
nimnam	Vertiefung
kaivalya	Freiheit
prāk	Richtung
bhāra	Gewicht

Erläuterung: Die Neigung, durch Gefühle und Gedanken in Verwicklungen zu geraten, endet, wenn der unveränderliche Kern des eigenen Selbst erfasst wird.

4.27

तच्छिद्रेषु प्रत्ययान्तराणि संस्कारेभ्यः ॥ २७ ॥

tacchidreṣu pratyayāntarāṇi saṃskārebhyaḥ

Wird (diese Vertiefung) unterbrochen, haben *Saṃskāras* [die erworbenen Neigungen] die Möglichkeit, die Wahrnehmung zu beeinflussen.

4.27	*tat-chidreṣu pratyaya-antarāṇi saṃskārebhyaḥ*
tat	diese [Vertiefung]
chidra	Bruch
pratyaya	Eindrücke
antara	andere
saṃskārebhyaḥ	aus *Saṃskāras* [den erworbenen Neigungen]

Erläuterung: Der Zustand der Erkenntnis kann jederzeit durch Erinnerungen und Neigungen gestört werden.

4.28

हानमेषां क्लेशवदुक्तम् ॥ २८ ॥

hānameṣāṃ kleśavaduktam

Um sich davon zu lösen, gilt die gleiche Vorgehensweise wie für die Überwindung der *Kleśas* [der störenden Kräfte].

4.28	*hānam eṣāṃ kleśavat uktam*
hāna	sich trennen / befreien
eṣām	davon
kleśavat	wie bei *Kleśas* [den Triebkräften der Handlungsneigungen]
uktam	geeignet

Erläuterung: Die Erinnerung an tief sitzende, störende Neigungen lässt sich nur durch Meditation unterbinden.

4.29

प्रसंख्यानेऽप्यकुसीदस्य सर्वथा विवेकख्यातेः
धर्ममेघस्समाधिः ॥ २९ ॥

prasaṅkhyāne'pyakusīdasya sarvathā vivekakhyāteḥ dharmameghassamādhiḥ

Erst bei gleichmütiger Wunschlosigkeit gepaart mit klarer Wahrnehmung wirkt *Viveka*, die Unterscheidungsfähigkeit zwischen Wirklichkeit und Schein, überall und zu allen Zeiten – vollkommene Erkenntnis entsteht, gleich satten Regenwolken, die ihre Versprechen halten.

4.29	*prasaṅkhyāne api akusīdasya sarvathā vivekakhyāteḥ dharmameghaḥ-samādhiḥ*
prasaṅkhyā	tiefe Erkenntnis / makellose Wahrnehmung
api	auch / erst dann
a-kusīda	ohne Gierneigung
sarvathā	überall und zu allen Zeiten
vivekakhyāteḥ	aus der differenzierten Wahrnehmung, aus der Unterscheidungsfähigkeit
megha	Wolke
dharmamegha	Wolken, die ihr Versprechen halten
samādhi	die vollkommene Erkenntnis

Erläuterung: Ein nie aussetzender Erkenntniszustand ist nur möglich, wenn die klare Unterscheidung des Seins vom Schein sowie die Loslösung vom Verlangen gewährleistet sind.

4.30

ततः क्लेशकर्मनिवृत्तिः ॥ ३० ॥

tataḥ kleśakarmanivṛttiḥ

Dann hört die Neigung zu Handlungen auf, die auf *Kleśas* [störenden Kräften] basieren.

4.30	*tataḥ kleśa-karma-nivṛttiḥ*
tataḥ	danach
nivṛtti	Beendigung
kleśa-karma	*Karma* [Handlungen] basierend auf *Kleśas* [den störenden Kräften]

Erläuterung: Der Einfluss tief sitzender störender Neigungen kommt erst dann zum Erliegen, wenn der unveränderliche Kern des eigenen Selbst fortwährend im Bewusstsein weilt.

4.31

तदा सर्वावरणमलापेतस्य ज्ञानस्यानन्त्याज्ज्ञेयमल्पम् ॥ ३१ ॥

tadā sarvāvaraṇamalāpetasya jñānasyānantyājjñeyamalpam

Sämtliche Hüllen und Makel fallen weg, und da die Grenze des Wissens erreicht ist, wird das Erlangen von Erkenntnissen unbedeutend.

4.31	*tadā sarva-āvaraṇa mala-apetasya jñānasya ānantyāt jñeyam alpam*
tadā	dann
sarva	sämtliche
āvaraṇa	Hülle
mala	Makel / Schlacke
apeta	das Wegfallen
jñānasya	des Wissens
ānantya	das Ende von etwas
jñeya	das, worüber Wissen erlangt werden kann
alpa	unbedeutend

Erläuterung: Weilt der unveränderliche Kern des eigenen Selbst fortwährend im Bewusstsein, bilden Gefühle und Gedanken keine umhüllende Schleier mehr, alles Wissen steht für immer klar zur Verfügung.

4.32

ततः कृतार्थानां परिणामक्रमसमाप्तिर्गुणानाम् ॥ ३२ ॥

tataḥ kṛtārthānāṃ pariṇāmakramasamāptirguṇānām

Es gibt nicht mehr die Notwendigkeit, irgendetwas zu bewirken, und die *Guṇa* [Grundeigenschaften] hören auf, sich in gewohnter Weise zu wandeln.

4.32	*tataḥ kṛtārthānāṃ pariṇāma-krama-samāptiḥ guṇānām*
tataḥ	daraus
artha	Ziel / Objekt
kṛtārtha	Menschen, für die alle Ziele erfüllt sind
krama	die Schritte / die übliche Art und Weise (instabil, überreizt, stumpf)
pariṇāma-krama	der übliche Gang des Wandels
samāpti	Beendigung
guṇa	die Grundeigenschaften (die auch die Wirkungsweise des *Citta*, des meinenden Selbst, bestimmen)
guṇānām	von *Guṇa* [Grundeigenschaften]

Erläuterung: Weilt der unveränderliche Kern des eigenen Selbst fortwährend im Bewusstsein, so werden sich Taten nicht mehr aus dem Drang ergeben, irgendetwas bewerkstelligen zu müssen.

4·33

क्षणप्रतियोगी परिणामापरान्तनिर्ग्राह्यः क्रमः ॥ ३३ ॥

kṣaṇapratiyogī pariṇāmāparānta nirgrāhyaḥ kramaḥ

Das Muster der Wandlung wird durchschaubar und ein Ende (des Einflusses) des Wandels wird erreicht. Somit löst sich das Konzept Zeit auf.

4.33	*kṣaṇa-pratiyogī pariṇāma-aparānta nirgrāhyaḥ kramaḥ*
kṣaṇa	der Moment / die Grundeinheit der Zeit
pratiyogī	der Auflöser / der Neutralisierer
pariṇāma	Wandel
aparānta	das letzte Ende
nirgrāhya	erkennbar
krama	die Sequenz / Schritte

Erläuterung: Die Abfolge aller Veränderungen wird vorhersehbar; damit ist der Einfluss des Wandels aufgehoben, Fühlen und Denken sind von der Idee der Zeit befreit.

4·34

पुरुषार्थशून्यानां गुणानां प्रतिप्रसवः कैवल्यं स्वरूपप्रतिष्ठा वा चितिशक्तिरिति ॥ ३४ ॥

puruṣārthaśūnyānāṃ guṇānāṃ pratiprasavaḥ kaivalyaṃ svarūpapratiṣṭhā vā citiśaktiriti

So sind im Zustand des *Kaivalyaṃ* [der inneren Freiheit] die menschlichen Ziele verwirklicht und die Bewegtheit der *Guṇa* [Grundeigenschaften] ist abgedämpft. Die innere Form leuchtet hervor – das Licht des Erkenners (des sehenden Selbst) hat sich durchgesetzt.

4·34	*puruṣa-artha-śūnyānāṃ guṇānāṃ pratiprasavaḥ kaivalyaṃ svarūpa-pratiṣṭhā vā citi-śaktiḥ iti*
kaivalya	Freiheit / Alleinsein
puruṣa-artha	die (vier) Menschenziele (*Dharma, Artha, Kāma, Mokṣa* – Erfüllung in der Berufung, im Wohlstand, in Gefühlen und von innerer Freiheit)
śūnya	das Auflösen / Aufhören
prati	gegen
prasava	Befruchtung / das Gedeihen
guṇānāṃ	von *Guṇa*
svarūpa	die (wirkliche) eigene Form
pratiṣṭhā	scheinen / hervorleuchten
vā	oder
citi	des *Cit* (Sehers)
śakti	Kraft
iti	also / so ist es

Erläuterung: Im Zustand der höchsten Freiheit weilt der unveränderliche Kern des eigenen Selbst fortwährend im Bewusstsein, die Veränderungen stiften keine Verwirrungen mehr und für alle Taten erübrigt sich eine Zielsetzung.

Glossar

A

a-	nicht (1.8, 1.11)
ā-	endlos (2.28)
abhāva	das Nichtvorhandensein (1.10) vergehen (1.29), Verschwinden (2.25) Nicht-Sein (4.11)
abhibhava	verschwinden (3.9)
abhighāta	völlig geschlagen sein (2.48)
abhijāta	von edler Herkunft sein (1.41)
abhimata	Zuneigung / Liebe (1.39)
abhiniveśa	das Festhalten an etwas (am Leben) / Angst / Todesangst (2.3, 2.9)
abhivyakti	auftauchen (4.8)
-ābhyāṃ	(aus den beiden) (1.12, 1.34, 2.47)
ābhyantara viṣaya	inneres / subtiles Thema (2.51)
ābhyantaravṛtti	innere Tätigkeit / Einatmung (2.50)
abhyāsa	beharrliches Üben / Dabeibleiben (bei einem Thema) (1.12, 1.13, 1.32) das beharrliche Üben (1.18)
ādara	Respekt / Rücksicht / Enthusiasmus (1.14)
ādarśa	sehen (3.36)
adhigama	nach innen gehen / sich offenbaren (1.29)
adhimātra	stark (1.22), intensiv (2.34)
adhiṣṭhātṛtva	Übersicht / Meisterschaft (3.49)
adhva	Weg / Vorhaben / Ausrichtung (4.12)
adhyāsa	gegenseitige Besetzung (3.17)
adhyātma	*Ātma* steht vor einem (1.47)
-ādiṣu	und so weiter (3.23, 3.39)
adṛṣṭa janma	unsichtbares Leben (ferne Zukunft) (2.12)
āgama	was immer galt / das, was angenommen werden kann / Wahrheiten, die wir von glaubwürdigen Meistern und Quellen übernehmen (1.7)
agratā	Spitze (3.12)
ahiṃsā	nicht verletzen (2.30), Gewaltlosigkeit (2.35)
ajñāna	Unwissenheit / Unklarheit (2.34)
a-jñāta	das Nicht-Erkennen (4.17)

akalpitā-vṛtti	eine Wahrnehmung ähnlich wie bei *Vikalpa* [Vorstellung] – hier ist allerdings ein Objekt vorhanden, aber durch die innere Klarheit geht die Wahrnehmung durch das Objekt hindurch zu Essentiellerem (3.43)
akaraṇa	nicht annehmen (3.51)
ākāśa	Raum / All (3.41, 3.42)
ākāra	Form / Ausdruck (4.22)
akliṣṭa	das nicht Beschwerliche (1.5)
akrama	ohne *Krama* / ohne Schritte (3.54)
akṛṣṇa	nicht schwarz (4.7)
ākṣepī	hinausgeworfen / ausgeklammert (2.51)
a-kusīda	ohne Gierneigung (4.29)
alabdhabhūmikatva	Mangel an Mut oder Vision, um bis zur Vollendung ein Ziel zu verfolgen / zu früh befriedigt sein / fehlende Zielstrebigkeit (1.30)
ālambana	sich stützend auf (1.10) Stütze (1.38) äußere Anregung / Erinnerung (4.11)
ālasya	Faulheit (1.30)
aliṅga	das Undefinierbare / das, was sich nicht einmal durch Symbole präzisieren lässt (1.45) nicht einmal deutbar (derartig feinstofflich) (2.19)
āloka	das gesamte Wahrnehmbare (3.5) *Jyotiṣ* / Licht (3.25)
alpa	unbedeutend (4.31)
an-abhighāta	nicht betroffen (3.45)
anādi	ohne Ursprung (4.10)
anāgata	noch nicht Aufgetretenes (2.16) noch nicht geschehene (Situation) (4.12)
anāgata-jñāna	Wissen über Zukünftiges (3.16)
-ānām, -āṇām	von diesen allen (2.4), von ihnen (4.9)
ānanda	endloses Glück / Glückseligkeit (1.17)
ananta	endlose (2.34) endlos / grenzenlos (2.47)
ānantarya	Kontinuität (4.9)
ānantya	das Ende des (4.31)
anāśaya	frei von Bedingungen (4.6)
anaṣṭa	nicht verschwunden (2.22)
anātma	Unwesentliches (2.5)
anavaccheda	nicht gebrochen, nicht verändert (1.26) obwohl kein Bruch / Unterschied besteht (3.53)

anavacchinna	nicht unterbrochen (2.31)
an-avadhāraṇa	nicht begreifen (4.20)
anavasthitatva	Unbeständigkeit / Mangel an Beharrlichkeit (1.30)
anekeṣām (cittāni)	von den mehreren (bewirkten *Cittas*)(4.5)
anga	Glied des Körpers (1.31) Glied (2.29)
aṇimādi	betrifft die acht großen Fähigkeiten (*Siddhis*): klein wie ein Atom, extrem groß, extrem leicht, extrem schwer werden, das Entfernteste erreichen, den Willen geschehen lassen, Macht über Objekte bekommen, ihre Entstehung oder ihr Verschwinden kontrollieren (3.45)
aniṣṭa	das Nichterwünschte (3.51)
anitya	Unbeständiges (2.5)
antaḥ	bis hin zu (1.40)
antara	andere / innere (4.2) andere (4.27)
antaranga	inneres *Aṅga* [Glied] (3.7)
antarāyāḥ	das Zwischenwirkende / die Hindernisse (1.29, 1.30)
antardhānam	verschwindet / wird unsichtbar (3.21)
anu-bhūta	basierend auf Vergangenem / folgend auf Vergangenes (1.11)
anugamāt	aus diesen Schritten heraus (1.17)
anuguṇa	basierend auf der Art / Eigenschaft (4.8)
anukāra	die Form annehmen / übernehmen (2.54)
anumāna	basiert auf Rechnung / folgt über den Intellekt (*manas*) / Schlussfolgerung (1.7)
anumānaprajñā	Wissen, das auf Schlussfolgerung (*Anumāna*) basiert (1.49)
anumoditāḥ	Befürworter der Tat (2.34)
anupaśya	das Sehen basiert auf (2.20)
anupātī	folgend (1.9) je nach / basierend auf (3.14)
anuśāsana	das, was auf Erfahrung basiert / die Einführung in eine Erfahrung (1.1)
anuśayī	darauf beruhen / damit rechnen (2.7, 2.8)
anuśravika	basierend auf dem, was man hört (das wir nicht erlebt haben) (1.15)
anuṣṭhāna	Übung / Umsetzung / Praxis (2.28)
anuttama	unvergleichbar (2.42)
anvaya	Verlauf / Zusammensetzung (3.9), die Aneinanderreihung / Zusammensetzung (3.44) Zusammensetzung (3.47)

anya	anderes (1.49) andere (1.50) für die anderen (2.22) der andere (der andere, von den zwei Yogazuständen – *Nirbījas samādhi* [die freie, vollkommene Erkenntnis]) (1.18)
anyatā	nicht gleich (3.49) unterschiedlich (3.53)
anyatva	andere (3.15)
aparāmṛṣṭa	völlig unberührt (1.24)
aparānta	Zeitpunkt des Sterbens (3.22) das letzte Ende (4.33)
a-pariṇāmitva	Nicht-Veränderbarkeit (4.18)
aparigraha	Nicht-Nehmen / Nicht-Horten / Anspruchslosigkeit (2.30, 2.39)
āpatti	erreichen (4.22)
apavarga	Befreiung / Beendigung / Erfüllung (2.18)
apekṣitvam	das Hinschauen / das Erwarten (4.17)
apeta	das Wegfallen (4.31)
api	obwohl / trotzdem (1.22) dazu noch (1.29), sogar (1.26, 1.51, 2.9), dennoch (2.22), auch / erst dann (3.50, 4.29), trotzdem (2.20, 3.8, 4.9, 4.24)
a-pramāṇaka	Nicht-Wahrnehmen (4.16)
aprati-saṅkrama	nicht gegenseitig begegnen / sich nicht verwickeln (4.22)
aprayojaka	nicht zutreffend / nicht passend / nicht wirkungsvoll (4.3)
apuṇya	falsch, aus einer Verwechslung stammend (2.14)
apuṇya viṣaya	eine missglückte Situation / eine Situation, in der der andere etwas Negatives getan hat (1.33)
āpūra	Vervollkommnung (4.2)
ariṣṭa	was feindlich und was gut ist (3.22)
artha	Inhalt / Sinn (1.28) Ergebnis / Ziel (2.2) Zweck (1.32, 2.18, 2.21), Objekt (3.17) Ziel / Objekt (4.32)
artha-jñāna	Wissen basiert auf Schlussfolgerung (1.42)
arthamātra	das Objekt allein (1.43) Objekt / Thema allein (3.3)
arthatva	Beziehung zum Objekt, zur Wahrnehmung (1.49)
arthavattva	Sinn / Zweck des Objekts (3.44) Sinn und Zweck (3.47)

a-saṃprayoge	nicht zusammenkommen (2.54) nicht treffen (3.21)
asaṃsarga	Kontaktlosigkeit / Unberührtheit / Unbeeinflusstheit (2.40)
āsanam	Körperhaltung (2.29, 2.46)
asaṅgaḥ	kein Kontakt (3.39)
a-saṅkhyeya	un-zählbar (4.24)
a-saṅkīrṇa	nicht verbunden / nicht vemischt (3.35)
āsannaḥ	Nähe (1.21)
āsevita	durchgehend geübt / mit allen Qualitäten gemeinsam geübt (1.14)
asmitā	das Gefühl: »ich bin angekommen, ich bin identisch geworden« (mit dem Ziel) / Einheitswahrnehmung (1.17), Egoismus / Selbstbezogenheit (2.3, 2.6) Ich-Gedanken in der Wahrnehmung (3.47) Einheitszustand (4.4)
asteya	Nicht-Stehlen (2.30, 2.37)
asti	sind / bleiben (gegenwärtig) (4.12)
āsvāda	schmecken (3.36)
asya	dessen / von einer solchen Person (1.40)
āśaya	das Sediment / das Überbleibsel, das ein Gefäß bildet (2.12), das Sediment, das Überbleibsel, das als Erinnerung an Schmerz oder Freude liegen bleibt und Zündstoff für neue, weitere Handlungen werden kann (1.24), das Sediment / das Überbleibsel, das eine Spur hinterlässt (4.6)
āśiṣa	Wunsch nach dem Sein (4.10)
āśraya	Heimat / Stütze (2.36) das, worauf es beruht (ein unruhiger Zustand des *Citta*) (4.11)
aṣṭa	acht (2.29)
aśuci	Unreines (2.5)
aśuddhi	Unreinheit / *Avidyā* [die Verwechslung] (2.28), Trübnis / Unreinheit (2.43)
aśukla	nicht weiß (4.7)
atha	nun, jetzt; ein glückverheißendes Wort (1.1)
atiprasaṅga	unstimmige Verbindung (4.21)
atiśayam	überschreiten (1.25)
atīta	vergangene (Situation) (4.12)
atīta-jñāna	Wissen über Vergangenes (3.16)

ātmā	das innere Selbst / die innere Seele (1.47)
	der tiefe Sinn / Zweck (2.21)
	das Wesentliche (2.5)
	Draṣṭā [das sehende Selbst] (2.41)
ātma-bhāva	die Natur des Selbst (4.25)
ātmadarśana	Sehen / Wahrnehmen des Inneren (2.41)
ātmaka	Natur (2.18)
ātmāna	das Naturell, die Natur (4.13)
atyanta	extreme (3.35)
avadhāraṇa	begreifen (4.20)
āvaraṇa	Hülle / Vorhang (2.52, 3.43, 4.31)
avasthā	zeitbedingte Stufe / Epoche (3.13)
avasthāna	Wohnsitz (1.3)
avasthā-pariṇāma	die zeitbedingte Veränderung (3.13)
āveśa	eintreten (3.38)
avidyā	Irrung / Verwechslung (2.3, 2.4, 2.5, 2.24)
a-viplavā	nicht richtungslos (2.26)
avirati	Abgelenktheit / Unruhe (1.30)
aviṣayī	nicht im Wissensfeld (3.20)
aviśeṣa	keine auffallend erkennbaren Eigenschaften (2.19)
	nicht das Objekt / wird nicht zum Thema / wird nicht erkannt (3.35)
avyapadeśya	noch nicht erschienen (3.14)
āyāma	dehnen (2.49)
āyuḥ	Dauer, wie lange die Wirkung anhält (2.13)

B

bādhana	Betroffenheit (2.33)
bahiḥ	außen (3.43)
bahiraṅga	äußeres Glied (3.8)
bāhya viṣaya	äußeres Thema (2.51)
bāhyavṛtti	äußere Tätigkeit / Ausatmung (2.50)
bala	Kraft (3.46)
balādīnī	Kraft usw. (3.24)
balāni	Kräfte (3.23)
baleṣu	in Kraft (3.24)
bandha	Bindung (3.1)
	Fesseln (3.38)
bharā	trächtig (1.48)

bhāra	Gewicht (4.26)
bhaumāḥ	Ebenen (2.31)
bhava	natürliche / angeborene (1.19)
bhāva	Qualität (3.48), Gefühl (3.49)
bhāvanam-bhāvanā	Besinnen bis zur Verschmelzung / unaufhörliches Verbundensein mit einer Vorstellung. (1.28)
	die überzeugte, einheitsfördernde innere Einstellung / (1.26, 1.33)
	die geistige Verschmelzung mit einer Einstellung / intensive Einstellung (2.33, 2.34)
	die konstante Beschäftigung mit dieser Frage (4.25)
bhāvanātaḥ	aus diesen *Bhāvanās* (1.33)
bheda	Unterschied (4.3, 4.5)
bhedāt	wegen der Unterschiedlichkeit (4.12)
bhoga	Erfahrung von Glück , Unglück / Befriedigung, Verdruss usw. (2.13)
	Genuß (Anziehung, Bindung) (2.18)
	Verkettung (3.35)
bhrāntidarśana	Verblendetheit / Neigung zur Fehldeutung (1.30)
bhūmi	Erde (1.14)
	Stufen (2.27)
bhūmiṣu	in Schritten / in Stufen (3.6)
bhūta	die fünf Elemente (2.18)
	Materie (3.13, 3.44)
bhūtatvāt	weil das so ist (3.20)
bhuvana-jñāna	Wissen über die Welten (3.26)
bīja	Quelle, Wurzel (1.25, 3.50)
brahma	das kosmisch Unendliche, Nichtendende / die Allseele (2.38)
brahmacarya	im Bewusstsein des *Brahma* [der Allseele] handeln (2.30)
	sich in *Brahma* Bewegender / im Bewusstsein des *Brahma* [der Allseele] handeln (2.38)
buddheḥ	das, worüber Wissen entsteht (4.21)
buddhi	das Wissende (4.21)

C

ca	und (1.29, 1.44, 1.45, 2.2, 2.41, 2.53, 3.20, 3.39, 3.42, 3.45, 3.48, 3.49, 3.54, 4.10, 4.16, 4.20, 4.21)
cakra	Rad (3.29)
cakṣu	Augen (3.21)
candra	Mond (3.27)
caturthaḥ	das Vierte (2.51)
cet	ist (4.16)

cetana	*Cit* / *Puruṣa* / das Wahrnehmende / das Erkennende (1.29)
chidra	Bruch (4.27)
citeḥ	von *Cit* [Erkenner] (*Puruṣa* + *Draṣṭā*) (4.22)
citi	des *Cit* (Sehers) (4.34)
citram	bunt (4.24)
citta	das meinende Selbst (1.37, 3.34, 4.4, 4.16)
citta-antara	unterschiedliches *Citta* [meinendes Selbst] (4.21)
cittabhedāt	wegen dieser Unterschiedlichkeit der *Cittas* (oder, weil das gleiche *Citta* zu verschiedenen Zeiten anders zusammengesetzt ist) (4.15)
cittasya	des *Citta* [des meinenden Selbst] (3.11, 3.12, 4.17)
	von *Citta* [dem meinenden Selbst] (2.54, 3.1, 3.38)
cittavṛtti	die Tätigkeiten, durch die *Citta* [das meinende Selbst] sich ausdrückt und die seine Aufgabe bilden (1.2, 4.18)

D

darśana	das Sehen (2.6)
	Sicht / Kontakt (3.32)
darśanaśakti	die Kraft des vermittelnden *Cittas* [des meinenden Selbst] (2.6)
darśinaḥ	für den, der sieht (4.25)
daurmanas	Trübsinnigkeit / Pessimismus / Besessensein von negativen Gedanken / das, was *Manas* (den Geist) dunkel macht (1.31)
deśa	Ort (2.31, 4.9)
	Ort / Technik (des Atems) / Thema (der Konzentration) (2.50)
	Ort / Thema / Objekt (3.1)
	Platz, wo es wahrgenommen wird (3.53)
devatā	Gottheit / das Symbol, das uns auf spirituelle Gedanken bringt (2.44)
dhāraṇā	die anhaltende Ausrichtung / Konzentration (2.29)
	anhaltende Ausrichtung (3.1)
dhāraṇāsu	in *Dhāraṇā* [die anhaltende Ausrichtung] (2.53)
dharma	das Wesentliche, das ein Objekt zu dem macht, was es ist (3.13)
	essentielle Eigenschaften, (3.14)
	Natur (3.45)
	innere Aufgabe (4.12)
dharmamegha	Wolken, die ihr Versprechen halten (4.29)
dharmāṇām	von diesen *Dharmās* (4.12)
dharma-pariṇāma	die grundlegende Veränderung wesentlicher Merkmale (3.13)
dharmī	das Objekt / Motiv, das Eigenschaften hat (3.14)
dhruva	Polarstern (3.28)

dhyānajam	entstanden aus *Dhyānam* [dem stillen Reflektieren] (4.6)
dhyānam	das stille Reflektieren (2.11, 2.29, 3.2)
dhyānāt	aus *Dhyānam* [dem stillen Reflektieren] (1.39)
dīptiḥ	leuchten (2.28)
dīrgha	lang (2.50)
dīrghakāla	lange Zeit (1.14)
divya	göttlich (3.41)
doṣa	Makel / *Avidyā* [Verwechslung] (3.50)
draṣṭā	das sehende Selbst / Seher / das wahrnehmende Prinzip (1.3, 2.20)
draṣṭṛ	*Draṣṭā* [das sehende Selbst] (4.23) *Puruṣa* [das sehende Selbst] (2.17)
draṣṭuḥ	des Sehers
dṛḍha	fundierte (1.14)
dṛkśakti	die Kraft des *Draṣṭa* [des sehenden Selbst] (2.6)
dṛśeḥ	des *Draṣṭā* [sehenden Selbst] (2.25)
dṛśi	das Sehen (2.20)
dṛṣṭa	unmittelbare, sichtbare (Objekte) (1.15)
dṛṣṭajanma	sichtbares Leben (nahe Zukunft) (2.12)
dṛśya	Objekt / das Gesehene (2.17, 4.23), Objekte / alles Wahrnehmbare (2.18)
dṛśyasya	des Gesehenen (2.21)
dṛśyatvam	das Wahrnehmbarsein / das Objektsein (4.19)
dṛśyeḥ	gesehen durch (4.21)
duḥkha	(wörtlich) das, was den inneren Raum verengt / Schmerz / Leid / Druck (1.31) Leidvolles, Unglückbringendes (2.5) Unglück / Leid / Schmerz / Druck (2.8, 2.16), Leid (2.34)
duḥkha viṣaya	unglückliche Situation (1.33)
dvaṅdva	zwei zusammengehörende, aber gegensätzliche Prinzipien (wie Schmerz und Glück) (2.48)
dveṣa	blinde Abneigung / Vorurteil (2.3, 2.8)

E

ejayatva	Unruhe / Instabilität / Unbeherrschtheit (1.31)
eka	ein (1.32, 4.20), eine (3.12, 4.16)
ekāgratā	ein Thema / Ziel (3.11)
ekāgratā-pariṇāma	der Wandel, der durch einträchtige Versenkung gekennzeichnet ist (3.12)
ekāgrya	Ausgerichtetheit (2.41)

ekarūpa	eine Form (4.9)
ekatānatā	sehr gezielt / in stabilem Fluss (3.2)
ekātmatā	Einheit (2.6)
ekatra	gemeinsam / zusammen (3.4)
ekatvāt	aus der Einzigartigkeit (4.14)
eṣaḥ	dieser (1.26)
eṣām	deren (4.11), davon (4.28)
etayā	dadurch (1.44)
etena	dadurch (3.13)
eva	allein (1.44), allein / eben (1.46), eben (2.15) nur / allein (2.21), nur so (4.8)

G

gamana	Bewegung (3.42)
gati	Bewegung (2.49, 3.28)
grahaṇa	das Mittel zum Begreifen – *Citta* [das meinende Selbst] (1.41) die Mittel zur Wahrnehmung (3.47)
grahītṛ	der (Be-)Greifende (1.41)
grāhya	das Objekt, das begriffen wird (1.41) gesehen werden (3.21)
guṇa	Grundeigenschaften (1.16) Eigenschaft / Erscheinungsform (2.19) Eigenschaft (4.8) die drei Grundeigenschaften der gesamten Welt, der Materie (Licht, Bewegung und Ruhe) (4.13) die Grundeigenschaften (die auch die Wirkungsweise des *Citta*, des meinenden Selbst, bestimmen) (4.32)
guṇānām	von *Guṇas* [Grundeigenschaften] (4.32, 4.34)
guṇavṛtti	Aktivität der *Guṇa* [Grundeigenschaften]: *Rajas* [Bewegung], *Tamas* [Ruhe], *Sattva* [Licht] (2.15)
guru	Meister / der, der uns von Unklarheit entschleiert / der, der uns die Dunkelheit nimmt (1.26)

H

hāna	sich trennen / befreien, das Ziel (2.25, 4.28)
hānopāya	Mittel zum Ziel (2.26)
hasti	Elefant (3.24)
hetu	Ursache (2.14, 2.17, 2.23, 2.24, 3.15) Ursache, *Avidyā* [dieVerwechslung] / *Kleśa* [die störenden Kräfte] (4.11)

heya	alles, was vermieden, entsorgt oder überwunden werden soll (2.10) vermeiden / entsorgen / überwinden (2.11), das Vermeidenswerte (2.16)
heyahetu	Ursache des *Heyams* [des Leids / des Vermeidenswerten] (2.17)
hiṃsādaya	verletzen usw. (die fünf *Yamas* und die fünf *Niyamas*) (2.34)
hlāda	genussvoll (2.14)
hṛdaya	Herz (3.34)

I

indriya	die Organe, die Informationen von außen nach innen vermitteln (der Geist die fünf Sinnesorgane und die fünf tatorientierten Organe: Hände, Füße, Sprechorgan, Ausscheidungsorgan, Genitalien) (3.47), Wahrnehmungsorgane (2.18) Sinne (2.41, 2.43),
indriyāṇām	von *Indriyas* [Wahrnehmungsorganen] (2.54, 2.55)
indriyeṣu	bei den Sinnesorganen (3.13)
iṣṭa	ersehnte (2.44)
īśvara	das Göttliche / das Mächtige (1.23, 1.24)
īśvarapraṇidhāna	hingebungsvolles Handeln, ohne die Ergebnisse in den Vordergrund zu stellen / Hingabe an *Īśvara* (2.1) Hingabe, Ehrfurcht (2.32) *Bhakti* / Gotteshingabe (2.45)
itaratra	in anderen Situationen (1.4)
itareṣām	für andere (Menschen, die nicht zu den in *Sūtra* 19 erwähnten gehören) (1.20) von den anderen (4.7)
itaretara	miteinander (3.17)
iti	so (2.34, 3.54), also / so ist es (4.34)
iva	als ob (1.41, 1.43, 2.54, 2.6, 3.3)

J

ja	daherkommende (1.50) geboren aus (4.1)
jala	Wasser (3.39)
janma	Geburt / Persönlichkeit / Wesen (2.39) Geburt / Herkunft (4.1)
japa	Besinnendes Wiederholen (laut, murmelnd oder mental) (1.28)

jāti	Art / Qualität / Herkunft (2.13)
	Herkunft (2.31)
	Geburt (3.18)
	Art / Spezies (Mensch, Tier, Pflanze usw.) (3.53)
	Qualität / Wesen / Art (4.2)
	Qualität / Art / Kontext (4.9),
javitva	Schnelligkeit (3.48)
jaya	Beherrschung (2.41)
	Sieg (3.47)
	Sieg / Kontrolle (3.44, 3.48)
jāyante	gehen hervor (3.36)
jayāt	aus der Beherrschung (3.5)
	durch Sieg darüber (3.39, 3.40)
jñāna	Weisheit (1.9, 1.38, 2.28)
	Kenntnis / Wissen (1.8, 3.17, 3.18, 3.19, 3.22, 3.27, 3.28, 3.29, 3.52, 3.54)
jñānasya	des Wissens (4.31)
jñāta	das Erkennen (4.17)
jñātāḥ	aus der Gewissheit / erkennend (4.18)
jñātṛtva	Weisheit / Übersicht über das Wissen (3.49)
jñeya	das, worüber Wissen erlangt werden kann (4.31)
jugupsā	Abwendung / Abstand (2.40)
jvalana	Glut / das Glühen (3.40)
jyoti	Licht (3.32)
jyotiṣmatī	das Besinnen auf das Licht (1.36)

K

kaivalya	Freiheit (2.25, 3.55, 4.26)
	Freiheit / Alleinsein (3.50, 4.34)
kāla	Zeit (2.31, 4.9)
	Länge von Ausatmung, Einatmung und Anhalten (2.50)
kālena	durch *Kāla* (Zeit) (1.26)
kaṇṭaka	Dorn (3.39)
kaṇṭha	Hals (3.30)
karaṇa	zum Geschehen bringen (2.2)
kāraṇa	Ursache (3.38)
kārita	Veranlasser der Tat (2.34)
kāritva	wirkend (4.24)

karma	(triebgesteuerte) Handlung (1.24) Handlung (3.22, 4.7)
karmāśaya	die Quelle, aus der die Handlungen kommen / *Saṃskāra* (2.12)
karuṇā	Mitempfinden / Hilfsbereitschaft (1.33)
kathaṃ	woher / wie (2.39)
kāya	Körper (2.43, 3.21, 3.29, 3.42)
kāyasaṃpat	die Vollkommenheit des Körpers (3.45, 3.46)
khyāteḥ	aus der ergreifenden Erfahrung (1.16)
khyāti	Anerkennung / Erkennung (2.5) Erkenntnis (2.26, 3.49)
kiṃ	was (4.16)
kleśa	das, was einen beschwert / belästigt / belastet / die störenden Kräfte (1.24, 2.2, 2.3, 2.12)
kleśa-karma	*Karma* [Handlungen] basierend auf *Kleśas* [den störenden Kräften] (4.30)
kleśavat	wie bei *Kleśas* [den Triebkräften der Handlungsneigungen] (4.28)
kliṣṭa	beschwerlich (1.5)
krama	Sequenz, Reihenfolge (3.15, 3.22) die Schritte / die übliche Art und Weise (instabil, überreizt, stumpf) (4.32, 4.33)
kramayoḥ	deren Sequenz (3.52)
kriyā	rituelle / reinigende Handlung (2.1) Aktivität (2.18) Handlung (Aussage) (2.36)
krodha	Wut (2.34)
kṛta	Täter (2.34)
kṛtārtha	ein Mensch, für den alle Ziele erfüllt sind (4.32)
kṛtārthaṃ	abgeschlossenes Thema / ein zu Ende wahrgenommenes Objekt (2.22)
kṣaṇa	Augenblick (3.9), die kleinste Zeiteinheit (3.52) der Moment / die Grundeinheit der Zeit (4.33)
kṣaya	reduzieren (2.28, 2.43, 3.43) abnehmen (3.11) Rückgang (3.50)
kṣetra	Feld (2.4)
kṣetrikavat	dem Bauer ähnlich (4.3)
kṣīna	reduziert (1.41)
kṣiyate	reduziert sich / baut ab (2.52)
kṣut	Hunger (3.30)
kūpa	Grube (3.30)
kūrma	Schildkröte (3.31)
kūrmanāḍī	Bereich des Brustbeins (3.31)

L

lābha	Gewinn (2.38, 2.42)
laghu	leicht (3.42)
lakṣaṇa	Charakteristika (3.13)
	Eigenschaft, woran etwas erkannt wird (3.53)
lakṣaṇa-pariṇāma	die Veränderung äußerer Merkmale (3.13)
lāvaṇya	Charisma / Ausstrahlung (3.46)
liṅga	Symbol (2.19)
liṅgamātra	nur noch mit Symbol deutbar (2.19)
lobha	Gier (2.34)

M

madhya	mäßig (1.22, 2.34)
mahā	große (2.31, 3.43)
maitrī	Freundlichkeit / Liebe (1.33, 3.23)
mala	Makel / Schlacke (4.31)
manas	der Geist (3.48)
manasaḥ	von *Manas* / des Geistes (1.35, 2.53)
maṇeḥ	eines Edelsteins (1.41)
mantra	die Anwendung von Mantras (4.1)
mātra	nur (2.20)
mātrasya	nur daraus (3.49)
mātrāt	allein daraus (4.4)
megha	Wolke (4.29)
mithyā	anders als es ist (1.8)
moha	Verblendung (2.34)
mṛdu	mild (1.22), sanft (2.34)
mudita	bestärkende Zuwendung / Enthusiasmus / Begeisterungsfähigkeit / Ermutigung (1.33)
mūla	Wurzel (2.12)
mūrdhā	die Spitze des Kopfes (3.32)

N

na	nein (3.20)
	nicht (4.16, 4.19)
nābhi	Nabel (3.29)
nāḍī	Nerv / Passage / Bahn (3.31)
nairantarya	ohne Unterbrechung (1.14)

nibandhinī Gebundenheit (1.35)
nidrā Tiefschlaf (1.6, 1.10, 1.38)
niḥ ohne (1.43)
nimantraṇa Einladung / Verlockung (3.51)
nimitta Verstand / Intellekt / Wille (4.3)
nimna Vertiefung (4.26)
nir- nicht (1.25)
nirbhāsa leuchtet (1.43, 3.3)
nirbījaḥ samenlos / frei / ungebunden (1.51, 3.8)
nirgrāhya erkennbar (4.33)
nirmāṇa Transformation / Kreierung / Erneuerung (4.4)
nirodha kontrolliert / gehalten (1.2, 1.51)
die dynamische Stille des *Citta* [des meinenden Selbst] (1.12)
nirodhakṣaṇa in der Situation der Sammlung (3.9)
nirodha pariṇāma der Wandel, der durch Sammlung gekennzeichnet ist (3.9)
nirodha-saṃskāra in Sammlung gegründetes Verhalten (3.9)
nirodhāt aus der Gebundenheit (1.51)
nirupakrama-karma Handlung, bei der die Schritte nicht nachvollziehbar sind (3.22)
nirvicārā subtiles Wissen ohne (fremdes Wissen, Schlussfolgerung und Vorstellung) (1.44, 1.47)
nirvitarkā ohne fremdes Wissen, Schlussfolgerung und Vorstellung (1.43)
nitya Beständiges (2.5)
ewig (4.10)
nivṛtti Beendigung (3.30, 4.25, 4.30)
niyama die Regeln des Alltagsverhaltens (2.29, 2.32)
nyāsāt durch Hingabe (3.25)

O

oṣadhi Heilpflanzen (4.1)

P

pakṣa Flügel (2.33)
pañcatayya fünf Arten (1.5)
paṅka Moor / Sumpf (3.39)
panthāḥ Wege / Annäherung (4.15)
para andere (3.38)
para-citta das *Citta* [meinende Selbst] der anderen (3.19)

paraiḥ	von Anderen / von außen / von äußerlichen (Wesen) (2.40)
paraṃ	überlegener (1.16)
paramā	größte (2.55)
parama mahattva	der größte Kosmos (1.40)
paramāṇu	das kleinste Atom (1.40)
parārtha	dient einem anderen / ist nicht selbstständig (4.24)
parārthatvāt	wegen des äußeren Zieles, wegen der Unselbstständigkeit (3.35)
paridṛṣṭa	genau geprüft
pariṇāma	Verwandlung (3.15, 4.2), Wandel (4.33) Entwicklung (3.9), eine vorübergehende Erscheinung (der drei *Guṇas*) (4.14)
pariṇamaduḥkha	Leid, ausgelöst durch Vergänglichkeit (2.15)
pariṇāma-krama	der übliche Gang des Wandels (4.32)
pariṇāmatraya	die drei Arten von *Pariṇāma* [Verwandlung] (3.16)
paritāpa	bereuend (2.14)
parvav	Kategorie / Schritt (2.19)
paryavasāna	Grenze (1.45)
phala	Frucht / *Vipāka* (2.14) Ergebnis / Früchte (2.36,2.34) (unsere Anbindung an) Ergebnis (4.11)
pipāsā	Durst (3.30)
prabhu	Meister / Chef (4.18)
pracāra	Bewegung (3.38)
pracchardana	vollständiges Hinauswerfen (1.34)
pradhāna	*Mūlaprakṛti* oder Urmaterie (3.48)
prādurbhāva	auftauchen (3.9, 3.45)
prāk	Richtung (4.26)
prajñā	Wissen / Ahnung (von *Samādhi*) (1.20) Bewusstsein (1.48) die vollkommene Erkenntnis (2.27) vollkommenes Wissen (3.5)
prakāśa	Licht (2.18, 2.52, 3.21, 3.43)
prakṛti	Materie (4.2)
prakṛtilaya	Menschen, die in *Prakṛti* (in der Urquelle der Materie) verschmolzen sind (1.19)
prakṛtīnāṃ	von der Materie (4.3)
pramāda	Hast / Geringschätzung (1.30)
pramāṇa	richtige Wahrnehmung / Erkennen (1.6)
pramāṇāni	die Wahrnehmungen (1.7)
pramoṣa	beseitigt (1.11)

prāṇa	das Atemprinzip / die Lebenskraft hinter der Atmung (2.49)
prāṇasya	des *Prāna*, des Atems (1.34)
praṇava	(wörtlich) das prächtig Neue, Frische / ein Symbol, welches immer seine ursprüngliche Reinheit wahrt (»*Om*« ist das klassische Beispiel für ein *Praṇava*) (1.27)
prāṇāyāma	Regulieren des Atems / *Prāṇas* (2.29) die Atemtechnik des Yoga (2.49)
praṇidhāna	aufmerksame Hingabe / Ehrfurcht (1.23)
prāntabhūmi	Pfad mit Stufen (2.27)
prasādah	geht hervor (als Wirkung) (1.47)
prasādana	Klarheit (1.33)
prasaṅgāt	aus der Berührung (3.51)
prasaṅkhyā	tiefe Erkenntnis / makellose Wahrnehmung (4.29)
praśānta	ruhiger (3.10)
prasava	das Gedeihen / Befruchten (2.10) Befruchtung / das Gedeihen (4.34)
prasupta	schlummernd / liegend / verborgen (2.4)
prati	dagegen (2.10), gegen (4.34)
prātibha	die Essenz von jedem Wesen / das Licht in jedem Wesen (3.33, 3.36)
pratibandhī	entgegnen (1.50)
pratinaṣṭam	verschwindet (2.22)
pratipakṣa	der andere Flügel / die Gegenposition (2.33, 2.34)
pratipatti	Erkennen / Wahrnehmung (3.53)
pratiṣedha	dämmen / stopfen (1.32)
pratiṣṭha	steht sehr stabil (2.35), steht stabil (2.36) steht stabil / verwurzelt (1.8, 2.37, 2.38) scheinen / hervorleuchten (4.34)
pratiyogī	der Auflöser / der Neutralisierer (4.33)
pratyāhāra	Sinnesanbindung ans Innere / Zurückziehen der Sinne (2.29, 2.54)
pratyak	innere (1.29)
pratyakṣa	vor den Augen, unmittelbar sehen / spontane Wahrnehmung (1.7)
pratyaya	Eindruck / Wahrnehmung / *Cittavṛtti* (1.10) / Eindruck (1.18) hohe Qualität der *Cittavṛtti* [der Aktivitäten des meinenden Selbst] / richtige Wahrnehmung (1.19) die tiefen Eindrücke / *Cittavṛtti* [die Aktivitäten des *Citta* (2.20) tiefe, ungefärbte Eindrücke / geistige Tätigkeiten, die ungefärbt sind (3.2) Eindrücke (3.12, 4.27) Erfahrung / Eindrücke über das Objekt (3.17) tiefe / ungefärbte Eindrücke (3.19) die Wahrnehmung / der Eindruck (3.35)

pravibhāga	auseinander halten (3.17)
pravṛtti	gesteuerte / geschulte *Cittavṛttis* [Tätigkeiten des *Citta*] (1.35)
	Quelle (3.25)
	Cittavṛtti [die Aktivitäten des *Citta*]; die innere Dynamik / die Natur des *Citta* (4.5)
prayatna	intensive Mühe (2.47)
prayojaka citta	das wirkende *Citta* (4.5)
punaḥ	noch mal (3.12, 3.51)
puṇya	passend; auf Erkenntnis basierend (2.14)
puṇya viṣaya	Erfolgssituation / eine Situation, in der der andere etwas Gutes getan hat (1.33)
puruṣa	der Bewohner / das innere Selbst / *Draṣṭa* [das sehende Selbst] (3.49)
	(wörtlich) der Bewohner / das unsterbliche Selbst / das unveränderliche Innere / das innere Selbst (1.16, 1.24)
puruṣa-artha	die (vier) Menschen-Ziele (*Dharma, Artha, Kāma, Mokṣa* – Erfüllung in der Berufung, im Wohlstand, in Gefühlen und von innerer Freiheit) (4.34)
puruṣa-jñāna	Erkenntnis des *Puruṣa* [des inneren Selbst] (3.35)
puruṣasya	des *Puruṣa* [des inneren Selbst + des *Draṣṭa*] (4.18)
puruṣayoḥ	des *Puruṣa* [des inneren Selbst] (3.35)
	von *Puruṣa* [dem inneren Selbst] (3.55)
pūrva	frühere (3.18), vorausgesetzt (1.18)
pūrvaka	geht voraus (1.20), zugrunde liegend (2.34)
pūrvebhya	mit den vorherigen (3.7)
pūrveṣām	der Ersten (1.26)

R

rāga	blinde Zuneigung / Gier (2.3, 2.7)
rakta	anregen (4.23)
rasa	Essenz / Natur (2.9)
ratna	Juwel (2.37)
ṛtam	Wahrheit (1.48)
rūpa	die Form / die Erscheinung (dieses Gefühles) (1.17)
	Form (3.21, 3.46)
ruta	Sprache (3.17)

S

sa mit (1.42)
sabīja mit Samen / bezogen auf einen Kern, ein Thema (1.46)
sadā immer (4.18)
sādhāraṇatva Allgemeinheit / Gültigkeit (2.22)
saḥ jener (1.26)
sahabhuvaḥ Symptome / Nebenerscheinungen (1.31)
sākṣātkaraṇa direkt vor den Augen / unmittelbar sichtbar (3.18)
sālambana Stütze / Auslöser / Ursache der Wahrnehmung (3.20)
sam- völlig (1.11)
samādhau für diejenigen in *Samādh*i (3.37)
samādhi die vollkommene Erkenntnis (1.46, 1.51, 2.29, 2.45, 4.1, 4.29)
vollkommene Erkenntnis (*Sabījas-samādhi* / *Saṃprajñātas-samādhi*) (3.3)
samādhibhāvana intensive Ahnung dessen, was *Samādhi* ist (2.2)
vollkommene Erkenntnis (*Sabījas-samādhi* / *Saṃprajñātas-samādhi*) (3.3)
samādhi-pariṇāma der Wandel, der durch tiefe Erkenntnis gekennzeichnet ist (3.11)
samāna *Samāna-Vāyu* / der Teil des *Prāna* [der Lebenskraft], die im Verdauungsbereich wirkt (3.40)
samāpatti tiefes Zusammenkommen / intensive Begegnung (2.47)
genaues Treffen / genaue Erkenntnis (1.41, 1.42, 1.43, 3.42)
samāpti Beendigung (4.32)
samārūḍhaḥ der weit Entwickelte (2.9)
samaya Situation (2.31)
samaye in der Situation / im Augenblick (4.20)
saṃbandha Verbindung (3.41, 3.42)
saṃbodhaḥ klares Wissen (2.39)
saṃhananatva Unschlagbarkeit (3.46)
saṃhatya in Zusammenhang (4.24)
samjñā Wissen / Bewusstsein (1.15)
saṃprajñāta (wörtlich) vollkommenes Wissen / *Sabījas samādhi* – der erste der zwei Yogazustände (vollkommene Erkenntnis) (1.17)
saṃprayoga Verbindung (2.44)
Zusammenkunft (2.54)
saṃśaya Unentschiedenheit (1.30)

saṃskāra Prägungen aus der Vergangenheit, die nicht erloschen sind / die erworbenen Neigungen (1.18)
Prägungen / Neigungen basierend auf solchen Erkenntnissen (1.50)
das Erworbene / erworbene Neigungen, die unser Tun beeinflussen (3.18)
die erworbenen Neigungen, die unser Tun beeinflussen (4.9)

saṃskāraduḥkha Leid, ausgelöst durch Abhängigkeiten (2.15)

saṃskārāt aus wiederholtem Tun / Üben (3.10)

saṃskārebhyaḥ aus *Saṃskāras* [den erworbenen Neigungen] (4.27)

sam-vedanam genaues Wissen (4.22)

saṃvedanāt durch richtiges Verstehen (3.38)

saṃvega Bewegung / Trieb / Tatkraft (1.21)

saṃvit genaues Wissen (3.34)

sāmya Ähnlichkeit / Gleichheit (3.55)

saṃyama die Versenkung (3.4)

saṃyamāt aus *Saṃyama* [Versenkung] (3.16, 3.17, 3.21, 3.22, 3.26, 3.35, 3.41, 3.42, 3.44, 3.47, 3.52)

sāmye bei gleich bleibender Perspektive (4.15)

saṃyoga Verbindung / feste Anbindung (2.17)
Bindung / feste Anbindung (von *Draṣṭā* und *Dṛśyam* – von sehendem Selbst und Gesehenem) (2.23)

saṃyoga abhāva Verschwinden von Bindung (2.25)

saṅga Kontakt (3.51)

saṅgṛhītva zusammengehalten durch (4.11)

saṅkaraḥ Vermischung (3.17), Verirrung (4.21)

saṅkhyā Anzahl (der Atemzüge) (2.50)

sankīrṇa vermischt (1.42)

saṅkrama Zusammenkunft (4.22)

sannidhi Nähe (2.35)

santoṣa Zufriedenheit / Fähigkeit, sich zu freuen (2.32)
Zufriedenheit / Dankbarkeit / Fröhlichkeit (2.42)

saptadhā siebenfach (2.27)

sārūpya ähnliche Form (1.4)

sarva alles (1.51), alle (2.37), zu allen Zeiten (2.15), alles (3.33), sämtliche (3.49, 4.31)

sārva in allen (2.31)

sarva-artha der ganze Sinn (4.23)

sarvabhūta alle Wesen (3.17)

sarva-jñā	alles an Wissen (zu allen Zeiten und in allen Bereichen) (1.25)
sarvārthatā	viele Objekte / Themen (3.11)
sarvathā	überall und zu allen Zeiten (4.29)
sarvathā viṣaya	Objekte zu jedem Zeitpunkt (3.54)
sarvaviṣaya	alle Objekte (3.54)
satimūle	wenn das der Fall ist (wenn *Kleśas* gerade wirksam sind) (2.13)
satkāra	Ehrfurcht / Hingabe / Sorgfalt (1.14)
sattva	*Citta* [das meinende Selbst] (2.41, 3.35, 3.49, 3.55)
sa tu	jene (Mühe / Übung) (1.14)
satya	die Wahrheit sagen (2.30, 2.36)
saumanas	positives Denken (*Manas)* / Optimismus (2.41)
savicārā	subtiles Wissen mit (fremdem Wissen, Schlussfolgerung und Vorstellung) (1.44)
savitarkā	mit fremdem Wissen, Schlussfolgerung und Vorstellung (1.42)
siddha	erleuchtetes Wesen (3.32)
siddhayaḥ	Errungenschaften (3.37)
siddhi	Vollkommenheit (2.43) die Erfüllung / die vollkommene Entfaltung (2.45) Errungenschaften (3.37) Fähigkeiten (3.45) übernatürliche Kräfte (4.1)
smaya	Hochmut / Selbstgefälligkeit (3.51)
smṛti	Erinnerung (1.6, 1.11, 4.9, 4.21) Erinnerung (an das Ziel) (1.20)
smṛti pariśuddhau	wenn *Smṛti* [Erinnerung] gereinigt ist / wenn Erinnerung sich nicht aufdrängt (1.43)
sopakrama-karma	Handlung, bei der die Schritte nachvollziehbar sind (3.22)
stambha	starr werden (3.21)
stha-	stehen / verwurzelt sein (1.41)
sthairya	Stabilität (2.39, 3.31)
sthāna	Platz (2.37)
sthāni	große Stellen (3.51)
sthambhavṛtti	starre Tätigkeit / das Anhalten (2.50)
sthira	stabil (2.46)
sthitau	in der Standhaftigkeit (1.13)
sthiti	Stabilität (1.35), Trägheit (2.18)
sthūla	äußere Komponenten eines Objekts (Erde, Wasser, Feuer, Wind, Äther) (3.44)
styāna	Trägheit / Schwere (1.30)

sukha	Glückbringendes (2.5), Befriedigung / Glück (2.7, 2.42), angenehm / leicht / das Wohlgefühl fördernd (2.46)
sukha viṣaya	glückliche Situation (1.33)
sūkṣma	subtil (1.44) die subtile Qualität (1.45) subtil (2.10) subtil / sanft / frei von Verspannung (2.50) subtil / schwer erkennbar (4.13) die Ursache der äußeren Komponenten (von Klang kommt Äther, von Erregung Wind, von Form Feuer, von Geschmack Wasser und von Geruch Erde) (3.44)
sūkṣma-jñāna	Wissen über Subtiles (3.25)
sūrya	die Sonne (3.26)
sva	eigene (2.54)
sva-aṅga	eigene Glieder (2.40)
svā-bhāsa	selbst-leuchtend (4.19)
sva-buddhi	eigene Erkenntnisfähigkeit (4.22)
svādhyāya	Selbststudium / sich selbst nähern (2.1) Selbststudium / Lernen – für die spirituelle Entwicklung (2.32)
svādhyāyāt	aus dem Selbststudium / Lernen – für die spirituelle Entwicklung (2.44)
svāmiśakti	die innere Kraft / die machthabende Kraft / *Puruṣa* [das innere Selbst] (2.23)
svapna	Traum (1.38)
svarasa	von eigener Natur (2.9)
svārtha	inneres Ziel (3.35)
svarūpa	die eigene Form (gemeint ist die Form von *Citta*) (1.43) wirkliche Form (2.23) eigene Form (2.54) eigene Form (*Cittas*) (3.3) die Form (eines Objekts) (3.44) die (wahrgenommene) Form, das Objekt (3.47) die (wirkliche) eigene Form (4.34)
svarūpata	von der eigenen Natur her (4.12)
svarūpe	in der eigenen Form (1.3)
svaśakti	die eigene Kraft / die offenbare Kraft / *Citta* [das meinende Selbst] (2.23)
svaviṣaya	eigene / übliche Objekte (2.54)
syāt	könnte sein, könnte geschehen (4.16)

Ś

śabda	Wort (Symbol) (1.9)
	Wort (3.17)
śabda-jñāna	Wissen basierend auf Aussagen anderer (1.42)
śaithilya	locker / entspannt / gelöst (2.47)
śaithilyāt	durch die Lockerung (3.38)
śakti	Kraft / Energie (2.6)
	Kraft (3.21, 4.34)
śānta	beruhigt (3.12), zurückgegangen (3.14)
śarīra	Körper (3.38)
śauca	Reinheit / Sauberkeit / Entschlackung (2.32)
	Reinheit / Beseitigung von Schlacke (2.40)
śeṣa	Reste (1.18)
śīla	Charakteristika (2.18)
śraddhā	Vertrauen / Glauben / innere Überzeugung / bedingungsloses Interesse (1.20)
śrāvaṇa	hören (3.36)
śrotra	das Hören (3.41), Hörvermögen (3.41)
śrutaprajñā	Wissen, das auf zuverlässigen Quellen *(Āgama)* basiert (1.49)
śuci	Reines (2.5)
śuddha	rein / frei von *Pariṇāma* [Verwandlung] / unvergänglich (2.20)
śuddhi	Reinigung / Klärung (2.41)
	Reinigung (3.55)
śūnya	abwesend (1.9)
	erloschen (1.43, 3.3)
śūnyānām	aus dem Auflösen / Aufhören (4.34)
śvāsapraśvāsa	unruhige Atmung / Verlust der Atemkontrolle (was psychische Unruhe begleitet) (1.31)
	die Atmung / die übliche Atmung (2.49)

T

tā	diese (1.46)
tad	dessen (*Draṣṭā* - des sehenden Selbst) (2.21), sie (3.8), dessen (3.45)
	dessen (diese Fähigkeiten) (3.50), *Citta* [das meinende Selbst] (4.24)
tadā	dann / in diesem Zustand (1.3), danach (4.16), dann (4.26, 4.31)
tadañjanatā	eins färbt das andere (1.41)

tadeva	genau dort (3.3)
tadrūpa	genaue, gleiche Form (1.8)
tamovṛtti	Tamas (Trägheits-)Qualität (1.10)
tanu	entschlackt, dünn (2.2) jung / sprösslingshaft (2.4)
tantra	Fertigkeit / Trick (4.16)
tāpaduḥkha	Leid, ausgelöst durch Sehnsucht (2.15)
tapaḥ	das Brennen / der Verzicht / die Leidenschaft (2.1) Selbstdisziplin / Leidenschaft (2.32) Askese / Kasteiung (4.1)
tapasaḥ	durch Disziplin (2.43)
tāra	Stern (3.27)
tārakam	sternartig / kristallklar (3.54)
tāsām	von den (*Vāsanās* [den subtilen Trieben]) (4.10)
tasmin sati	unter dieser Voraussetzung (2.49)
tasya	dessen (*Īśvaras*) (1.27), vom (Weg) (2.27), dessen (3.10), deren (3.20) dessen (*Saṃyoga* – der Anbindung des sehenden Selbst an das Objekt) (2.24), dessen (*Saṃyama* [der Versenkung]) (3.6), dessen (bezogen auf Neigungen, die aus Erkenntnismomenten entstehen / *Prajñā-Saṃskāras*) (1.51)
tat	jenen (1.12), des (*Īśvara*) (1.28), des (*praṇava*) (1.28) deren / der Hindernisse und der Symptome (1.32) das (jene Erkenntnis / *Samādhiprajñā*) (1.50) deren (der *Kleśas*) (2.11), dessen (der Handlung) (2.13), das (Thema) (2.22) dessen (*Avidyā* – die Verwechslung) (2.25), daraus (aus *Saṃyama*) (3.5) dessen (1.16, 2.35, 3.17, 3.21, 3.52, 4.16) dessen (der anderen *Cittas*) (3.20) dessen (von den Konstellationen) (3.28) daraus (4.8), von (*Vāsanās* [subtilen Trieben]) (4.11), des Objektes (4.17) deren (4.18), dessen (des *Citta*, des meinenden Selbst) (4.19), des *Puruṣa* [des inneren Selbst] / des *Draṣṭa* [des sehenden Selbst] (4.22) diese Vertiefung (4.27)

tataḥ	daraus (aus dieser Tatkraft) (1.22) daraus (durch solches *Īśvarapraṇidhāna*) (1.29) danach / daraus (2.48), deshalb / daraus (2.52), daraus / dann (3.43) daraus / ähnlich wie (4.3), dann (4.8), danach (4.30) daraus (2.55, 3.12, 3.36, 3.45, 3.48, 3.53, 4.32)
tatra	darin (1.42, 4.6), dort (1.13, 1.48), dort, darin (in *Īśvara*) (1.25) dort / im Zustand des *Dhāraṭā* [der anhaltenden Ausrichtung] (3.2)
tatstha	eins steht auf dem anderen (1.41)
tattva	Prinzip / Thema (1.32) Wahrheit / Essenz / Besonderheit (4.14)
tayoḥ	deren (4.15)
te	diese (1.30), sie (2.14), sie (*Kleśas* – die störenden Kräfte) (2.10) jene (3.37), diese wesentlichen Merkmale (4.13)
tīvra	scharf / intensiv (1.21)
traya	die Triade / die Dreiheit (3.4, 3.7)
tri-vidham	dreierlei (4.7)
tūla	Baumwollflocken (3.42)
tulya	ähnliche (3.12)
tulyayoḥ	wegen der Ähnlichkeit (3.53)
tyāga	aufgeben / lassen (2.35)

U

ubhaya	beide (4.20)
udāna	*Udāna-vāyu* / der Teil des *Prāna* [der Lebenskraft] die im Kehlbereich wirkt (3.39)
udāra	groß geworden / mächtig (2.4)
udaya	aufgehen (3.11)
udita	aufgegangen (3.12), erscheinend (3.14)
ukta	geeignet (4.28)
upa	nahe (2.37, 3.51, 4.23)
upalabdhi	erscheinen / hervortreten (2.23)
uparāga	nahe sein und erregen (4.17)
upasargāḥ	Brüche / Unterbrechungen (3.37)
upāya	Mittel (2.26)
upekṣa	verständnisvolles Abstandhalten / vergebungsvolles Hinwegschauen (1.33)
utkrānti	aufwärts steigen (3.39)

utpanna	hervorkommen / sichtbar werden (1.35)
uttareṣām	für die Übrigen (2.4)

V

vā	oder (1.23, 1.34, 1.35, 1.36, 1.37, 1.38, 1.39, 3.22, 3.33, 4.34)
vācaka	Wortsymbol (1.27)
vāhī	Träger / dasjenige, das etwas in Bewegung bringt / hält (2.9)
vāhitā	Gang / Fluss (3.10)
vaira	Feindseligkeit (2.35)
vairāgya	Gleichmut / Gelassenheit / die Fähigkeit, sich nicht von außen vom eigenen Ziel ablenken zu lassen (1.12, 1.15)
vairāgyād	aus *Vairāgya* [Gleichmut] dazu (3.50)
vaiśāradya	Tüchtigkeit (1.47)
vaitṛṣṇya	durstlos (nicht triebhaft) (1.16)
vajra	Härte / Widerstandsfähigkeit (3.46)
varaṇa	die Feldumrandung, die das Wasser hält (4.3)
vārtā	riechen (3.36)
vāsanā	(wörtlich) Geruch / subtile Triebe (4.8)
vāsanābhiḥ	durch *Vāsanās* [subtile Triebe] (4.24)
vaśīkāra	unter voller Kontrolle / Führung (1.15, 1.40)
vastu	Objekt (1.9, 4.14, 4.15, 4.16)
vaśyatā	Bann / Kontrolle (2.55)
vedana	fühlen (3.36)
vedanīya	erfahrbar / bemerkbar (2.12)
vibhakta	unterschiedliche (4.15)
vicāra	tief greifendes / feinstoffliches (*sūkṣma*) Wissen (1.17)
viccheda	brechen / teilen / besondere Unterbrechung, die »Ausdehnung« meint (2.49)
vicchinna	ausgewachsen / mit klaren Merkmalen (2.4)
videha	Menschen mit besonderem Körper (1.19) mit ungewöhnlichem Körper (3.43)
vidhāraṇa	besonderes Halten (1.34)
viduṣa	der Weise (2.9)
vikalpa	Vorstellung / Imagination (1.6, 1.9, 1.42)
vikalpaiḥ	durch die Vorstellungen) (1.42)
vikaraṇa	besondere Wirkungsweise (3.48)
vikṣepa	Zerstreutheit / Unruhe (1.30, 1.31)
viniyoga	Anwendung (3.6) Bruch (4.9)

vipāka	das Ergebnis (der Handlungen / *Karma*) (1.24), Ergebnis / Frucht / die Art, wie auf der Gefühlsebene eine Handlung im Nachhinein bewertet wird / die Wirkung, die eine Handlung hinterlässt (2.13) Ergebnis (4.8)
viparyaya	falsche Wahrnehmung / Verblendung (1.6, 1.8)
viprakṛṣṭa	sehr weit entfernt / außerhalb der Sinnesbereiche (3.25)
virāma	ruhende / still gewordene (1.18)
virodha	Konflikt (2.15)
vīrya	Energie / Kraft / Handlungsbereitschaft (1.20) Energie / Ausgerichtetheit (2.38)
viṣaya	Gegenstand / Situation (1.11), Objekte / Dinge / Situationen / alles Wahrnehmbare (1.15) die Erfahrungen / Themen (Geschichte, Aussagen) (1.37) Objekte (1.44, 1.49)
viṣayatva	das Objekt sein (1.45)
viṣayavatī	Kontemplation über die Art, wie Sinne auf Gegenstände zugehen (1.35)
viśeṣa	Besonderheiten (1.22), besonderer, außergewöhnlicher (1.24), besondere (1.49), erkennbare Eigenschaften (2.19) das besondere (Sehen) (4.25)
viśokā	ohne Leid (1.36)
vītarāga	Menschen, die Gier (*Rāga*) überwunden haben, die Krisen bewältigt haben (1.37)
vitarka	oberflächliches / grobstoffliches (*stūhla*) Wissen (1.17) Zweifel / Fragen (2.33, 2.34)
vitṛṣṇa	Durstlosigkeit (1.15)
viveka	Differenzierung (z.B. *Draṣṭā* von *Citta*) (2.26) Unterscheidungsfähigkeit (3.54) Unterscheidungsfähigkeit (zwischen Wirklichkeit und Schein) (4.26)
vivekaja	aus *Viveka* [der Unterscheidungsfähigkeit] kommend (3.52, 3.54)
vivekakhyāteḥ	aus der differenzierten Wahrnehmung, aus der Unterscheidungsfähigkeit (4.29)
vivekakhyāti	differenzierendes Wahrnehmen (2.28)
vivekin	der Unterscheidungsfähige (2.15)
vrata	Tugend / Ritual (2.31)
vṛttayaḥ	die Aktivitäten *Cittas* (1.5) Bewegungen / Aktivitäten (2.11)
vṛtteḥ	(von den) Tätigkeiten (1.41)
vṛtti	die Tätigkeit / die Bewegung (1.4)

vyādhi	Krankheit (1.30)
vyākhyātā	sind erläutert (1.44), damit erklärt (3.13)
vyakta	offensichtlich / leicht erkennbar (4.13)
vyavahita	Dinge hinter Hindernissen, Verstecktes (3.25) Bruch (4.9)
vyūha	Formation (3.27), Konstellation (3.29)
vyutthāna-saṃskāra	unreflektiertes / sprunghaftes Verhalten (3.9)
vyutthāne	für diejenigen in Aufregung (3.37)

Y

yama	die Beherrschungen, die Disziplinen im zwischenmenschlichen Verhalten (2.29, 2.30)
yathā	so wie / entsprechend (1.39)
yatna	Mühe / Hinwendung / Übung (1.13)
yogāṅga	die Glieder des Yoga (2.28)
yogin	der Yogi (4.7)
yogyatā	Fähigkeit / Kompetenz (2.53)
yogyatva	Fähigkeit (2.41)

Über den Autor

R. Sriram, Jahrgang 1954, aus Chennai, war Schüler von T. K. V. Desikachar und lebt seit 1987 in Deutschland. Er ist ein viel geachteter Lehrer des Yoga und Vermittler dessen philosophischen Quelltexte. Er leitet seit vielen Jahren Aus- und Weiterbildungen für Yogalehrende und hat mehrere erfolgreiche Yogabücher veröffentlicht. Zusammen mit seiner Frau leitet er das Zentrum BASE Art Nature Yoga im Urwaldgebiet in Südindien (www.basekodai.org). Heute teilt er seine Zeit zwischen Chennai, München und Beerfelden im Odenwald.

R. Sriram bietet Einzelunterricht, Seminare, Weiterbildungen, hält regelmäßig Vorträge, schreibt Bücher und wirkt als Gastreferent an Universitäten und Yoga-Ausbildungsstätten.

www.yogaweg.de
E-Mail: yoga@sriram.de